# 学不已集

安徽师范大学文学院
学生"青年大学习"优秀作品选编

戴和圣◎主 编

安徽师范大学出版社
ANHUI NORMAL UNIVERSITY PRESS

·芜湖·

**图书在版编目(CIP)数据**

学不已集:安徽师范大学文学院学生"青年大学习"优秀作品选编 / 戴和圣主编.
— 芜湖:安徽师范大学出版社,2023.3
ISBN 978-7-5676-5675-8

Ⅰ.①学… Ⅱ.①戴… Ⅲ.①高等学校 – 思想政治教育 – 安徽 – 文集 Ⅳ.①G641-53

中国版本图书馆CIP数据核字(2022)第216706号

本书系教育部首批"三全育人"综合改革试点院(系)建设阶段性成果
安徽省高校弘扬社会主义核心价值观名师工作室"三全育人"理念下高校辅导员
工作创新研究项目阶段性成果

**学不已集** 安徽师范大学文学院学生"青年大学习"优秀作品选编　　　　戴和圣◎主 编

责任编辑:房国贵　　　　　责任校对:胡志恒
装帧设计:王晴晴　　　　　责任印制:桑国磊
出版发行:安徽师范大学出版社
　　　　　芜湖市北京东路1号安徽师范大学赭山校区

网　　址:http://www.ahnupress.com/
发 行 部:0553-3883578　5910327　5910310(传真)
印　　刷:江苏凤凰数码印务有限公司
版　　次:2023年3月第1版
印　　次:2023年3月第1次印刷
规　　格:700 mm×1000 mm　1/16
印　　张:14.5
字　　数:205千字
书　　号:ISBN 978-7-5676-5675-8
定　　价:78.00元

凡发现图书有质量问题,请与我社联系(联系电话:0553-5910315)

# 本书编委会

# 前　言

习近平总书记指出："青年兴则国家兴，青年强则国家强。青年一代有理想、有本领、有担当，国家就有前途，民族就有希望。"

这是充满机遇、聚集挑战的时代，这是飞速发展、瞬息万变的时代，这是选择多样、发展多元的时代。作为青年人，这更是学而不已、担当重任的时代。新时代中国青年生逢中华民族发展的最好时期，拥有更优越的发展环境、更广阔的成长空间，面临建功立业的难得人生际遇。沐浴在新时代阳光中成长起来的青年一代，亲眼见到伟大祖国取得的历史性成就，亲身体味中华民族伟大复兴进程中激昂的青春乐章，倾心感悟博大精深的中华优秀传统文化的滋养。

2020年，注定是极不平凡的一年，深深印记在每个人的生命旅程中。全人类共同应对一场突如其来的疫情，认真审视人类命运共同体建设；全国人民栉风沐雨决胜全面建成小康社会，决胜脱贫攻坚战；每个人都在同未知的风险相抗争，用心打理生活中的点点滴滴。历史，将铭记奋进的这一年。

当代青年学子所要面对的一个重大难题，是如何在错综复杂的局势中自处并承担起对他人、对社会、对国家的责任使命。历史强有力地证明，只有紧紧追随中国共产党的领导，自觉践行社会主义核心价值观，听党话、感党恩、跟党走，努力成为德智体美劳全面发展的社会主义建设者和接班人，才是当下青年的时代选择。

为生动展示安徽师范大学文学院青年学子走在时代前列、勇于奋进开拓的青春风貌，增强在实现中华民族伟大复兴进程中的责任感和使命感，文学院举办"青年大学习，奋进新时代"主题征文活动，以"'改革开放四十年'之家乡变化""年味里的传统文化""在阅读经典中成长""'新春走基层'志愿服务"等为主要内容，结合抗击疫情所行所感，从所征集的作品中择优汇编，命名为《学不已集——安徽师范大学文学院学生"青年大学习"优秀作品选编》。

荀子《劝学》有言："君子曰：学不可以已。"在创作中凝聚对社会的思考，在学习中实现对能力的提升，在奉献中成就对青春的诠释，是文学院学子不懈的追求。

青年，学而不已，以志青春，向祖国告白！

是为序。

戴和圣

二〇二一年十一月十六日

# 目　录

## 第二篇章　致敬先锋——记录志愿故事

# 第一篇章
## 谱写征程——礼赞改革开放

一代人有一代人的际遇，新时代的大学生是改革开放四十多年风云变幻的见证者、记录者、拥护者。本篇章用文字从经济发展、政治文明、文化繁荣、社会治理、生态保护等方面，结合生活实际，勾勒中华人民共和国成立以后，特别是改革开放四十多年以来小至家、大至国的巨大变化，赞颂了祖国的蓬勃发展，同时指出新时代的广大新青年应具有的高度的新使命与新担当。

# 今日六安，脱贫致富完成时

2016级 何 璇

　　江淮之间的六安市位于安徽省西部、大别山北麓，依山傍水的自然风光造就了淳朴的民风。然而也因这山阻水隔的地理位置，使这里的经济一段时间比较落后。改革开放之后，全国都在开拓脱贫致富的新出路，六安也积极涌入这浪潮之中，并收获了显著的成效。

　　父母生我生得迟，改革开放时，他们正值成年之际，可以说是改革开放有力的见证人。从他们的口中，我深刻地感受到了六安改革开放四十多年来翻天覆地的变化。

　　"大人望种田，小孩子望过年"，这是往日六安人民口耳相传的歌谣。大人盼望着种田，种田才能有口吃的；小孩子盼望着过年，过年才能吃点儿像样的东西。平时因为粮食匮乏，他们常常整天以玉米红薯充饥，蔬菜也有限，摆在桌子上的往往是些咸菜。又因为劳动力缺乏，家家户户都会生很多孩子，像我母亲，就有八个兄弟姐妹，这样一来，粮食就更加紧张了。改革开放后，人们再也不必为温饱问题发愁了，一日三餐想吃什么全凭自己心意，不乐意自己烧的，便出去下馆子或点外卖，从前大人们吃撑了的玉米红薯，倒成了茶余饭后香甜的零食了。

　　每次回家，家乡的面貌都有所不同，往往是多了一座座在盖或盖好的新房子。陈旧的小平房人们可不愿意住了，或是拆了就地建楼房，或是进城买房子住，年轻人基本都奔城里了，只有些老人还惦念着家里的菜园子、鸡鸭鹅的，想住在农村讨个清净。总之，住房条件一天比一天好了，再不像改革开放之前，人们住在潮湿的土房子里，常常要上房顶捡瓦，不然下雨天地上便成了江成了海。现在的年轻人很多都没听说过捡瓦这回事。杜甫先生若是活在今天，断不会写出《茅屋为秋风所破歌》来，他惦念的"安得广厦千万间，大庇天下寒士俱欢颜"如今真实现了。

现在人总想十全十美，房子有了，车子也得安排上。改革开放以前，六安人民基本以步行为主，访个亲戚或者买个东西从早走到晚，那是常有的事，有些年轻人喜欢骑个自行车的，山路还不一定上得去。改革开放后人们有存款了，到了近些年，一般富裕的家庭门前都停着四个轮子的车了。现在的人基本都愿意学个驾照，有些上了年纪的大爷大妈也愿意学，不过社会还是倡导绿色出行的。山路多弯，以前我们回家的路上经过土地岭那段路要连续转四个大弯，非常危险，后来当地政府就在土地岭修了一条隧道，车子再也不用通过危险的弯了，也节省了不少时间。远离县城的村子里，从前都是窄小泥泞的土路，现在村村都铺了水泥路，下乡也畅行无阻。

教育是民族振兴、社会进步的重要基石，可是改革开放前，人们饭都难吃得上，哪里还有精力、金钱去学习，人们有这工夫不如多干点活。拿我母亲来说，她小时候不同于其他孩子，非常热爱学习，可是姥爷觉得读书没用，他希望子女都卖力干活，不肯给我母亲学费，母亲就自己砍柴挣钱上学。改革开放之后，国家大力发展教育，普及了九年义务教育，还发展了职业高中，使所有的孩子都能有书可读。

除了这些，改革开放后，六安人民开辟出了多元化的致富道路：从前人们种田养蚕采茶，付出多回报少，挣的钱只够维持一家人的生活，如今人们在党的领导下，充分利用本地资源发展起旅游业，如天堂寨、铜锣寨等景点每天都迎来大批游客，六安瓜片、霍山黄芽、石斛、百合等土特产品销量可观……

学不已集

——安徽师范大学文学院学生「青年大学习」优秀作品选编

靠山吃山，靠水吃水，六安人民靠着世世代代居住的这片土地，以及国家的惠民工程，总算改变了改革开放前贫穷落后的面貌。国家将福利与信任交给六安人民，六安唯有还给国家一个更加灿烂的明天！

# 泥　路

2016级　罗崇智

今年除夕，我乘叔叔的车子回老家，为了一年一次的团圆。

"这是我上小学的地方。"父亲的语气仍激动着。我下意识地往窗外看，在阴天下，"日升小学"四个金字缺少了以前阳光下的闪耀。

"看来离家还有一段路。"我嘀咕着，又把头歪向一边，合上了眼。

一阵不十分强烈的惯性把我推醒了。"到家了？"我眼神迷离，打开车门，跳下了车。

像往年一样，我礼貌性地问候爷爷奶奶，却觉得哪里有些不对劲。

"门前的路修得真漂亮！"叔叔关了车门，感慨了一句。

这无意的一句话却触碰了我的神经。我奔向车子行驶过的路，放目远望，只见松树林的路似一条白蛇蜿蜒地穿过田野，经过我家门口，又向后山奔去。我走在白色的水泥路上，坚硬又平坦，一种不真实感涌入心中，许多年前如蚯蚓般的泥路又浮现在脑海……

小时候，每每过年，这条泥路都会将我和家人从山外送进山内。那时家里还没有车，只能走路，而这条泥路却不容易走。晴朗之时，泥土被阳光晒得坚硬，脚踩在上面，却感受到土的尖锐，甚至还混着凹凸的石头。下雨及过后，泥在雨水的作用下收起了它的尖锐，却变得更加黏人，踩得浅还好，踩得重些便会陷下去，你还不敢再用力，生怕卡在那里。而我走路还有坏习惯，喜欢擦着地面走。于是到家的时候，不是鞋

学不已集

——安徽师范大学文学院学生
「青年大学习」优秀作品选编

帮沾满泥土，就是溅一裤子泥。每当这时，母亲便笑着说："一看你就不是农村人，连泥路都不会走。"然后又去拿毛巾和稻草清我裤子和鞋上的泥。

大年初一，要去各家拜年。为了那三五个糖果和摆脱无聊，我又不得不从泥路走到各家。我性急，走路又快，往往还没有到别人家中，人就已经跪倒在泥中，向土地先拜了个年。所以，每每带回家的裤子都不够穿——大多被我一次性"跪"没了。泥路不仅阻碍了我，也阻碍了村里的人们。

一年前的夏天，我和母亲回到老家。那天下午，雨后初晴，母亲带我去姑妈家。泥路在大雨后变得狰狞。我只好走在长着草的稍微坚硬的地方。"嗡嗡嗡——"引擎声不断从远方传过来，我和母亲加快了步伐。

几分钟后，一辆红色的货运式三轮车出现在眼前。我忙向车主走去。

"帮我推一下车，我的车陷在泥土中好久了。"一张瘦黑的中年男子的脸皱在了一起。

我二话没说，叫了母亲一起推车。车主将车把转向底处，车子如被困的巨兽发着怒吼。我和母亲与地面呈45度，两腿用力向后踩，却屡屡打滑。车轮也和我们一样，将自己的泥向后甩。车子缓缓前进，从陷泥处出来了。

车子停了下来，车主下了车，看见我们满身泥点，不好意思地向我递了根烟。

我摆了摆手："我不抽烟。"

车主又问："你们是不是要出去？上来吧，我顺路带你们一程。"

我和母亲于是第一次坐上了这样的交通工具。

"你是做什么的？"我看了看前面的松树林，无意问道。

"种田的，前几年刚从别人那承包了一些地。现在出去买点肥料准备施肥。"

"我看外面别的村都修了路，为什么我们这没有？"母亲的语气中略有不满。

"这个问题，我也不清楚。说不定是当地觉得修路成本太大了。"

"哎，如果路修好了该多好。不是说'要想富先修路'吗？像你今天这种情况一定发生过许多次吧。"

"谁说不是，但我们也没办法，毕竟修路是个大工程。只能先凑合着，也不知道啥时候才能修好……"

车子终于从摇摇晃晃中出来。车子底下的路也由小变大，由泥泞变平整，由丑陋变美好……

"奶奶叫你去吃面。"一旁的弟弟端着盛满肉和猪肝的热面，吃了起来。

我走进厨房。父亲正端着一碗面，问在烧火的爷爷："今年这个路总算是修通了，修得还挺不错的。"

爷爷操着一口浓厚的家乡话："还不是政府帮忙，规划到我们这了。"

"以后总算不用再走那条破路了。"我插了一句。

"好孙子，以后你也不会再摔倒了。"爷爷嘴角上扬，眼睛眯得更紧了。

"是啊，不仅路修好了。政府还给了爷爷8万块，把闲置的地都挖了呢。现在的日子是越来越好了。"说完，父亲又把肉送到了嘴边。

除夕夜到了，我和家人坐在桌旁，桌上摆满了各种菜。我们的祝福和期望伴随着酒杯声进入了各自的肚中，也暖进了心里。

外面的绚丽的烟花和红火的鞭炮连绵不绝。我感慨道："日子一定会越来越好的。"

# 记峥嵘岁月长，阅璀璨未来章

2017级　戴紫珺

　　不知你是否还记得，那些藏在爷爷奶奶檀木抽屉里皱皱巴巴的粮票；不知你是否还记得，那时轰隆作响不时喷出黑烟的绿皮火车；不知你是否还记得，那时花了好多钱才买到的黑白两色、只有几个频道的电视机；不知你是否还记得，那时骑着自行车穿梭在窄窄街巷的邮递员叔叔；不知你是否还记得，过去的四十一年里我们身边发生的那么多令人难以置信的变化。

　　1978年至2019年，时光如梭，整整四十一年过去了，时代的洪流向前奔赴了整整四十一年，中国的面貌早已经焕然一新。

　　四十一年前的你，可能无法想象重似板砖的"大哥大"也可以变得轻薄似卡纸；四十一年前的你，可能无法想象那笨重的黑白电视机也可以变为多彩曲面液晶屏；四十一年前的你，可能无法想象不带现金出门只凭借"刷脸"就可以买到想要的东西；四十一年前的你，可能无法想象从北京到南京乘坐高铁只需要三个多小时；四十一年前的你，可能无法想象人们买衣服不再需要四处逛街比价，只需要带上VR眼镜在家里就可以试穿喜欢的衣服；四十一年前的你，可能无法想象人们可以不用跑到菜市场，只需要在手机上进行简单操作，每日便有新鲜的食材送上门来……

　　这一切的变化还要归功于现代科技的飞速发展，改革开放以来，无数仁人志士呕心沥血，赢得了丰硕成果。2005年10月12日上午9时"神舟六号"发射成功，2008 年 9 月 25 日我国成功实施了神舟七号载人航天飞行，2011 年 11 月 1 日 5 时神舟八号发射，宇宙的秘密仿佛就在指间；高铁、轻轨、地铁、磁悬浮列车等新的交通运输方式如雨后春笋般涌现，航空运输进一步发展，距离不再成为相聚的障碍……

不仅仅在科学技术方面我国有了长足的进步，在经济领域，改革开放以来我国所取得的成就也十分瞩目。在通信技术领域，中国目前在大数据、人工智能、5G 通信领域都处于世界领先地位，并将逐渐在接下来的经济发展中转化为竞争优势；在农业领域，中国粮食、蔬菜、肉类、禽类、水产品、水果等产量位居世界前列；在工业领域，煤炭、钢铁、造船、汽车、水泥在内的 200 多种工业品产量位居世界第一。另外，中国在智能手机、新能源汽车、工业机器人等一些新兴工业产品领域的市场规模也位居世界前列。

我们的生活在一点一点地发生着巨大的变化，过去的我们无法想象今天能够过上这样的便捷优渥的生活，现在的我们也很难想象未来又会发生怎样的变化，是否真的会像科幻电影里描绘的那样，人工智能深入家家户户，空中交通网四通八达，空间穿梭翻山越海……我想，终有一天，在我们每一个人的共同努力下，这一切都将实现。要问原因，看看我们如今所拥有的这一切就好了，这样的奇迹正是我们中华民族经过数十年的拼搏而得来的。

历史长河奔腾不息，有风平浪静，也有波涛汹涌。我们不惧风雨，也不畏险阻。记峥嵘岁月长，阅璀璨未来章，我们在回望历史的过程中，感受到了先贤志士们无畏前行、艰苦奋斗的精神；而当我们眺望未来，也许前路有迷雾阻挡，有荆棘丛生，有悬崖断壁，但我们不会停下坚定的步伐，不会熄灭内心的灯盏，会携手前行，走在实现中华民族伟大复兴的中国梦的最前方！

# 一碗面疙瘩，走过四十年

2017级 魏晓涵

那天在外公家，母亲兴冲冲地拿出擀面杖，说要做面疙瘩给大家吃。小时候，母亲总在我生病的时候做给我吃。每个孩子可能曾经把面团奉为上等的"玩具"，那时候的我，会偷偷爬出被窝，站在厨房外偷看母亲和好面，再用小勺一点点拨到煮沸的水里，加入配料，打个鸡蛋，最后再浇上一些汤水，一碗面疙瘩就做好了。吸引我的是它独特的名字，但它的味道实在太过普通，令我大失所望。再后来，吃的次数也越来越少，它渐渐停留在我的记忆深处。

今晚的面疙瘩与记忆里的那碗面疙瘩别无二致，配料仍然是简单的西红柿、青菜和蛋花。外公吃得很快，并嘱托我："趁热吃，这可是好东西。"母亲突然放下筷子："要是你老太太还在，她肯定不舍得吃。因为我打了两个鸡蛋。"在我看来平淡无奇的面疙瘩，在母亲和外公的回忆里似乎有特殊的分量。

"她只在两个时候做面疙瘩。一个是家里小孩生病时，一个是你老太爷生病时。"母亲笑着说，"只放几片菜叶子，搁上一点点荤油，根本谈不上'面疙瘩'，只是希望热乎乎的一碗下肚，能出一身汗，也许病就能好。"

我难以想象母亲的皖西老家曾经的赤贫。20世纪40年代出生的外公，一大家子曾经在贫困线边缘苦苦挣扎，那些顽强地长大成人的孩子，是多么幸运。虽然成绩很好，但是外公为了"有馒头吃"，穿着一大一小两只草鞋，辍学入伍，后来留在了省城。

所谓"大灾逼出一身胆"。外公是大胆的，在广大的农村，有一些像外公那样的农民逐渐突破"不许包产到户"的限制，实行了多种形式的生产责任制。也许，这些最淳朴的人的初衷便是希望家里的娃娃能吃上一口饭，希望家里的面疙瘩再好吃一些。1982年元旦，中共中央下发一号文件，肯定了包产到户、包干到户等各种形式的生产责任制，以往"大呼隆"的农业生产模式得到调整，八亿多的农民，开辟出了一条新的生路。

当年她的母亲进城访亲，外公为她做了一碗面疙瘩，里面打了蛋花。"有鸡蛋真好吃。"当时十岁的母亲，记住了这句感慨。对于她来说，现在吃上一碗"像疙瘩一样的"面疙瘩，已经不是什么难事。这在过去是难得的珍馐，只有生了病才可能享用到的优待。那时候，村里没有卫生所，只有镇子上有行医的一户人家。要是两个孩子一起生病，大一些的是吃不上的。外公至今还记得父亲偷偷喂给他和兄弟姐妹一人一勺呢。

去年，随母亲回乡的我，经过提醒才将面前一条平整的路和小时候哭闹着抱怨"会踩到泥巴"的小道联系起来。村里的小楼越盖越漂亮，小汽车越来越多，有人开起了小饭馆，菜式也越来越精致。民以食为天，这一切都是从四十年前"为了吃饱肚子"这一朴素愿望所迸发出的巨大勇气开始的。小小的一碗面疙瘩，也跟随着人们不断向前的脚步，虽然配料变了，但它承载的那份暖意没有变。

也许还有些东西未曾改变。外公最小的弟弟，是孩子中最顽皮的，但也是最有闯劲的。他是村里第一个开发稻田养虾产业的，也是第一个开办农家乐的，如今还和刚大学毕业的孙子乐呵呵地搞起了售卖自家农产品的网店。在政策的助力下，乡村成为他实现人生价值的舞台。这四十多年的沧桑巨变中，小时候曾经和父兄们一起走过的田埂也许不在了，但是老乡们对土地天生的敬重和眷恋没有变，他们勤劳、质朴的优秀品质没有变，我国乡村振兴的坚定目标和政策扶持没有变，改革开放的

学不已集

安徽师范大学文学院学生
"青年大学习"优秀作品选编

"一个中心，两个基本点"的基本路线没有变。这个"变"是人民的选择，被历史所肯定，用老乡们质朴的话来说，就是敢拼、敢闯、敢干！站在新时代的起点，跟上世界潮流，回应时代主题，追寻历史节拍，是我们年轻一代新的目标和新的使命。

# 我家的七十年

## ——竹墙 砖瓦 五层楼

2018级 李云青

## 当故事听来的

母亲小时候住的是竹墙的房子。

据说那时的人把它叫成"老北京墙",大概是家乡人独有的叫法。那墙据说就是一根根的竹子,外面绑着稻草,再糊一层泥巴——听起来可真不结实。造价不过几百元,可在那时候已经算"大户"了。

家具基本上都是外公亲自打的。外公会一手木匠活,我小时候见过他拿着锯子在削木头,只是不记得做的是什么了。他手艺好,又认真负责,所以总能接到活计,忙得家里的事情都没时间做。听母亲说她为这事写过一篇作文,标题是"木匠家的板凳三条腿"。这是俗谚,其实没这么夸张,不过家里的板凳确实一摇三晃,坐起来叫人心惊胆战。一直到现在,我家还留着一条小板凳——有靠背的、竹子做的"猴子板凳",当然这是老家的叫法。

对了,还有一口水缸,也是那时候的东西。那时候,妈妈才七八岁,已经学着帮外婆一起做生意——卖水。

一张桌子上摆十几个玻璃杯,盖着方形的玻璃片,五分钱一杯。桌

学不已集

安徽师范大学文学院学生
「青年大学习」优秀作品选编

子四周放四条凳子，给顾客坐着歇脚的桌子、凳子都要母亲和外婆从家里搬过来再搬回去。

我那时听着真是大惑不解，这么不卫生，真的有人喝？况且水又不是四处不见，真的有人买？——当然有人买，现在的矿泉水不也很畅销吗？卫生是现在人才有的观念，那时候哪里会管那么多，也没条件管那么多了。

后来到了一九八几年，外公去家具厂工作，带着一家人搬去了厂房——那是新造的厂房，也就是我后来看见的老屋。

## 留在记忆里的

砖墙瓦顶的老屋陪了我大半个童年。

印象里的老屋，昏暗，破败，满身灰尘。墙面和地面都坑坑洼洼，厨房没有顶，是几大块的木板顶着塑料皮，下雨天滴滴答答地漏水，正好落到水缸里。灶上总闷着点什么，玉米，红薯，却不如灶膛灰里扒拉出来的香。

正堂是最大的一间，像所有的传统家庭那样供着灶神爷的像，却不知有多少年没换过了，落满了灰尘。灶神爷面前摆着小小的大肚子香炉，线香安详地亮着三点火光。年年换的是日历，在灶神爷左下方是座钟——长的时间和短的时间能一起看到——钟摆的咳嗽声总是慢悠悠的，每过一天就要重新上一次发条。

我总在暑假时去老屋。那时家里还没装空调，到了夏天热得像是着了火，父母就送我去老屋消夏。老屋在城郊，屋前屋后都是树，浓密的树冠隔出大片阴凉。我就在这树阴下面写作业，外婆陪在旁边，摇着一柄蒲扇为我驱赶蚊虫。到太阳快落山，外公就回来了。他去老屋后面的水井挑水，我就扔了笔跟过去看。井水真凉，撩起来洗洗脸，一整天的暑气都洗尽了。

后来老屋倒了。

我没有看见那一幕，那时我应该正在初中的校园里埋头苦读，已经好几年不曾探望老屋了。它倒在我不曾注意的时间，倒得这样轻描淡写，连带着我在那里所有的回忆，统统压在铲车轰隆隆的履带之下，碾成了一张薄薄的照片。

## 现在正住着的

我家的房子不算很老，只是比我大得多，我可以叫它"老房子"。钢筋水泥的楼房，一共只有六层，我家在第五层。

老房子确实很有年代感，客厅对着门的那面墙，大半面都贴着蓝色的玻璃，磨砂花纹勾勒出一幅黄山迎客松，玻璃框是木制的，怎么看都像20世纪的审美。没有皮沙发，桌子椅子都是木制的，刷红漆。窗台、墙面都是大块的木板，后来的房子完全看不到这种构造。

不管怎么说，它比老屋还是要年轻些，至少有插座。我九岁那年，家里买了电脑，放在书房，我书桌旁边。后来，书房成了我最想去的地方，多方便，方便得简直叫人"心神不宁"，作业没写完就想去看，为此挨了许多回的打。

电脑是当时家里最新的物件，现在它也老了，屏幕的开关早就坏了，前年主机的开机键也不能用了。我现在有了笔记本电脑，已用不上那慢吞吞的台式机了，父母也懒得送去修理。

最近一次回家的时候，听说我家的小区也进入拆迁规划了——不知道是真是假。

学不已集

安徽师范大学文学院学生
"青年大学习"优秀作品选编

# 春风已改旧时波

2018级　张雅宁

　　亲爱的远在他乡的你，过得好吗？当你读这封信的时候，我不知道你是怎样一种状态，或许是刚下班回来带着疲惫的姿态匆忙地打开这封信，或许是独自一人走在城市的道路上孤独的身影在小路上飘荡，或许是带着心酸仰望着陌生的天空诉说着理想与现实的悲哀……无论是一种怎样的状态，那藏在心里深沉的思念就像大上的月亮无论阴晴总散发着淡淡的光芒。

　　你知道吗？你那思念已久的故乡正渐渐变化着，她慢慢褪去了陈旧落后且布满灰尘的面纱，虽不是沧海桑田，但已是春风化雨。让我来轻轻地告诉你。

　　一幢幢漂亮的小洋房拔地而起，一条条宽阔的水泥路交错相通，一盏盏明亮的路灯为黑夜里的路人照明，一户户人家洋溢着幸福的安康，一亩亩特色农田装点着故乡……这还是你记忆中那个破旧的小乡村吗？她已经脱胎换骨，俨然成为一个美丽富饶的地方，你记忆中的乡村正以崭新的面貌、自信的姿态随着改革开放的浪潮一步步迈向繁荣与美丽。

　　多少次你在梦里轻轻地呼唤故乡的名字；多少次你抱着矛盾的心态要与故乡永别；多少次你看着夜晚的月亮就想到了故乡，嘴里呢喃着"月是故乡明"……

　　你看到了吗？我们的家乡在慢慢发展。我们的家乡有青山绿水，绿水青山就是金山银山。小时候总被泥泞溅一身的小路早已不在，取而代之的是那光滑的水泥路，下雨时不用穿着厚重的胶鞋，更不用担心滑倒。你听到了吗？那是广场舞大妈在尽情地摇摆，那里还建了一座篮球场，那里有孩子们打篮球时的青春与活力，那边的小集市更是人声鼎沸。还记得我们小时候的学校吗？洁白的墙壁，明亮的灯光，崭新的多功能教学设备，知识丰富的年轻教师，清晨无论走在哪一个角落总会听到孩子们的琅琅书声。你闻到了吗？那是道路两旁栽种的各种奇异的花朵散发的芬芳，是绿化带中的茵茵小草散发的清香，是特色农田散发的丰收的味道，是哪一户人家做着丰盛饭菜的阵阵飘香。你感受到了吗？改革的春风吹向了中华大地，我们的家乡在春风的抚爱下渐渐成长，里面的人啊都已经富裕起来了，贫困的年代已经一去不复返了。远行的游子啊，你愿意回来见一见故乡吗？你愿意回来为家乡的建设出一点力吗？

这是个最好的时代。我们的家乡虽然焕然一新了，但还是需要更多的人去建设它、保护它。你或许会质疑家乡原生态的环境没有了，那封存在心中古老的记忆没有了……因此，我们在努力，同时我们也需要更多的人建设家乡。你我所站立的地方，都属于我们。这个正在发展的农村属于年轻的我们，我们有光明，它就不会黑暗，尽管它在走向繁荣富强的道路上可能经历风风雨雨，但是我们都应该热爱它，热爱这片土地，热爱中国，青春的我们以梦为马，不负韶华。

谨以此信，致远在他乡为生计奔波的游子。

# 江淮明珠，璀璨生辉

2019级　陈佳妮

1979年的春天，一位老人在南海边画了一个圈，自那时起，四十多年的光阴，伴随改革开放的浪潮，推动着我的家乡迈入崭新的岁月。

我的家乡合肥，一向有着"江淮首郡，吴楚要冲"的美誉，如今也称得上是江淮地区一颗璀璨的明珠，但在旧时岁月里，这座坐落于华东地区的省会城市，却是一直贫穷落后，默默无闻。

有幸生于改革开放后的我，未曾得见旧时合肥是何等样貌，也只能从父母长辈的话语中，略窥一二。据说，那时的合肥，最主要的街道是长江中路，街道旁的梧桐树备受市民喜爱，但即使是在这里，每日驶过的车辆也不过寥寥，晴天尘土飞扬，雨天泥泞不堪；那时的合肥，房屋低矮，世贸中心工地的青草黄了又青，青了又黄，楼却始终只有半截；那时的合肥，城市基础设施落后，并无多少省会城市的风范，它的脱胎换骨，始于改革开放。

改革开放的风潮在华夏大地流传之始，合肥便紧跟党的步伐迅速开始了行动，从政府到人民，都想为自己的城市建设添砖加瓦。而在这四十多年的巨变中，合肥一步步走得踏实而坚定，这座城市也见证了合肥儿女的奋斗与荣光，诠释了发展腾飞的传奇与梦想。

四十多年间，合肥积极发展工业，在地方政策的积极推动下，美的、联宝电子、江淮汽车等大型企业纷纷落户合肥，令合肥的工业成功实现了由弱到强的转折。

四十多年间，合肥积极探寻发展方向，寻找合适的城市定位。如今，合肥以"创新、转型、升级"为发展口号，加快发展高新技术产业，力求打造为真正的"大湖名城，创新高地"。

现如今的合肥，就像进入了快车道一般，提速越来越快。曾经沦为废弃烂尾楼的世贸中心，现已发展成为城市的商业中心之一，人来人往，车水马龙，这样的繁华是曾经居住在附近的居民所不敢想象的。

四十多年前的合肥人，出行时多半想着，是步行还是骑自行车呢？那是因为当时的汽车是稀有物品，而如今，数不清的高架桥上，车辆奔流不息，人们脚下的土地中，地铁正载着上下班的人们穿梭于这个城市……

如今的合肥，经过多年的城市园林绿化建设，也不复当年脏乱差的模样，已成为著名的绿化城市、宜居城市。包河公园、杏花公园、逍遥津公园等园林散布在城市中，形成了"城中有园，园中有城"的景象。这些公园所共同组成的环城公园，也被誉为合肥市的一条翡翠项链，备受市民喜爱。

从籍籍无名到成为国家重要的科研教育发展基地，合肥的科教发展值得称道。以中国科技大学为首的一批高校，为这座城市发展提供了源源不断的人才，这些为城市的发展提供了内在动力。

四十多年波澜壮阔。改革开放为合肥这座城市注入了不一样的动力，让它不甘平淡，奋力前行，合肥虽在经济及城市发展上属于后起之秀，却胸怀着大梦想，面对压力，从未退缩，激流勇进，昔日小城今渐"肥"，它的变化，令人瞩目。

已过千山万水，仍需跋山涉水，我们的祖国，我们的家乡，仍在快速发展，放眼未来，城市的建设，便是我们年轻一辈的责任。我们自当勇担使命，心怀理想，不断奋进，为祖国、为家乡未来的建设，添砖加瓦。

愿这颗江淮明珠，更加璀璨生辉。

# 提改革之灯，圆复兴之梦

2019级　戴斯佳

　　曾有一盏灯，用自己的光芒撕开了暗夜的一角，又经千万人接力，才使这世间薪火不灭，温澜潮生。这盏灯照亮中华大地的每一角，承载着中华民族千年宏愿，这盏灯就是改革开放。小小的历史书上记录了改革开放的发展，随手翻过一页，就是祖国四十年的变化。我虽未经历四十年的每一个变化，但也有幸感受了改革开放带来的沧海桑出。

　　改革开放的浪潮涌进安徽的大街小巷，像画笔，笔触划过我的家乡，贴心地为它添色润改。我的家乡在改革开放的画笔下认真贯彻改革开放的基本国策，坚定不移地推动新时代改革开放，力求为全面建设现代化五大发展美好安徽贡献力量。

　　变的是时代，不变的是创新。安徽深入实施创新驱动发展战略，大步踏入创新事业繁荣发展新时代。唯改革者进，唯创新者强，唯改革创新者胜。创新之风随改革开放兴起，在这片创新创造的热土上涌现了一大批自主创新产业和成果：立志"造中国人自己的车"的奇瑞汽车以"开拓者"的姿态在汽车领域开疆拓土；注重细节的三只松鼠全新尝试"五位一体"商业模式带来的崛起等。这些无一不是安徽创新名片的证明。

　　经济稳中向前，城乡焕然一新。安徽自改革开放以来，经济增长近五十倍，城镇居民距离进入"最富裕"生活标准已不远。政府改善民生能力也显著提高，村容村貌大幅提升。还记得童年时的老家是朴实无华的小村庄，现在城乡面貌发生了日新月异的变化，层层大厦拔地而起，"安得广厦千万间，大庇天下寒士俱欢颜"的理想终于被实现，人民的生活水平逐步提高。可见，改革开放是经济社会进步的强大动力。

追求生态时尚，拥抱绿色安徽。我的家乡是江南水乡，由于早期对生态的忽视，家乡的环境质量日趋下降。但是进入新时代以来，安徽牢固树立"绿色发展，生态优先"的发展理念，坚决打赢污染防治攻坚战，奏响新时代的"长江之歌"。原本污浊的河流变得清澈，大坝边的青弋江又焕发着生机，我的家乡也荣幸地被选为十大宜居城市之一。

抓住繁荣文化，建设精神家园。随着改革开放带来的经济发展，人们有能力有时间有精力向往精神享受。安徽大力推动文化强省发展，抓住文化命脉，盘活文化资源。文化产业的发展，使方特在家乡有了一席之地，成为带动当地经济发展的领头羊。文化产业的发展也使家乡注重探寻文化内涵，大力推动徽风皖韵原创性，让属于自己的徽文化别具一格。据资料显示，改革开放以来，安徽城镇居民教育文化娱乐服务消费支出占生活消费支出的比重明显上升，2016年，全省文化建设指标已进入全国前十名。文化兴则国运兴，安徽正以自己的力量为社会主义文化强国做出了一份贡献。

家乡是一个小小的缩影，纵使不如上海、深圳那样有着大的蜕变，但也有着属于它自己的独树一帜的"安徽经验"和或大或小的改变。改革开放的春风拂过神州大地，这阵春风将我的家乡一步步从昔日的阡陌交通变为宽阔大道，将小时候在路上看见的拉风的摩托车变为随处可见的四轮汽车，将路边的杂草杂花变为修剪整齐、井然有序的植被，将往昔的吃不饱、穿不暖变为如今的衣食无忧。"旧时王谢堂前燕，飞入寻常百姓家"，改革开放让往昔人们向往之物成为寻常。

光芒照江淮，辉映四十载。但革命尚未成功，我们仍需努力。我们要明白当今时代是承前启后、继往开来，在新的历史条件下继续夺取中国特色社会主义伟大胜利的时代。这个时代需要的是中华儿女戮力同心，需要的是中华民族深化改革，需要的是不忘初心、牢记使命。不曾忘却，改革开放的硬骨头还未被啃完，改革开放的深水区还很少涉及，"摸着石头过河"的方法可能还在适用。要让改革开放打破藩篱，破除弊端，还需坚持来时的路，让"改革开放再出发"，让改革开放结合当今实际，以壮士断腕的勇气推动改革开放成为升级版，真正进行一场"刀刃向内"的改革。

历史是过去传到将来的回声。小小的历史书记下了浓墨重彩的改革开放的发展，记录下的敢为人先的态度和坚持不懈的精神会传到将来的人们的耳中，让他们将如此的精神发扬光大。

改革开放携光而来，我等以满屋光辉相迎。

# 此地吾心归处

## ——记改革开放四十年家乡变化

2019级 丁 蓉

在冬日的暖阳里回到那座小城，这是第一次阔别多日后的重逢，这一次我想好好认识这座笠帽山下的安静的小城，于是从记忆里抽出一幅幅画卷，拼凑对比，勾勒出一个有关发展的故事，一座小城的前世今生。

记忆里的它好大好大，步行是人们认识它最常用的方式，外公家旁边的那条小道承载了我和伙伴们无数的欢乐，因为路的那一边连着公交车站，它会驶向繁华喧闹的市区，而人们日常的娱乐便是和家人或朋友悠闲地步行十几分钟左右去超市逛一逛，买一份报纸坐在树下的座椅上待上一下午，或是去广场惬意地闲聊。街道总是熙熙攘攘，行人亦是不紧不慢。如果细心的话，你总能看到一群小孩子捧着攒了很久的钱罐，不时发出硬币碰撞的声音，在小卖部门口等待着期待了好久的一包薯片或是一袋糖。

而如今出行早已方便了许多，那曲折的小道早已被宽敞笔直的马路取代，一辆辆汽车在其中奔驰，小城人的足迹更远更远，你可以听到邻居们在聊出国旅游的趣事，影院、咖啡厅、健身房、书吧一个一个建起，年轻人穿着休闲简约的新潮服装自拍，聊着朋友圈内的趣事。线上支付一点点走进了我们的生活，大家已经很少再带上又厚又重的钱包了，取而代之的却是手机一声声支付成功的提示音。

除了这些可见的生活条件改善之外，我们所看到的小城也在悄悄发生变化。

再次来到曾经摇头晃脑读书的教室，初见它时，一个不大的黑板，星星点点是老师留下的娟秀的板书，绿漆已被蹭刮掉的讲桌，头顶上那台会嘎吱嘎吱发出响声的电风扇，我们担心了三年却一直没有掉，早读课我们跟着录音机里字正腔圆的播音员的声音一遍遍读着，考试后发下的试卷总会被我们仔细研究，那到底是对号还是半对……

如今的学校早已大不相同了。多媒体教学极大地丰富了教学的内容与形式，除了美美的板书之外，老师们加入生动有趣的视频，精美的图片集锦帮助学生培养兴趣，提高课堂效率，课下更是有很多老师互相交流课件，或是将部分资源上传网络，实现教育资源的共享。为了帮助学生和家长更好地了解考试信息，老师要更加全面地掌握班级学习情况，学校会利用大数据引入网上阅卷系统，及时反馈成绩信息，整理错题，教育正与时代接轨。

由于网络的普及，小城人们的精神文化生活也更加充实起来。

政府努力推进医疗卫生等改革，组织各院的医生护士进行培训，提高专业技能，有关部门开通了便民通道，及时接受老百姓的反馈意见，及时通报有关信息，可以听到街头巷尾人们口中热议的不再是柴米油盐，大家积极讨论着国家最近发生的大事，讨论最新出台的相关政策，每一个人真正参与着小城的每一步发展，也真正感受到与小城的唇齿相依。

这座被山水环绕的小城有着悠久的历史，太白为其歌咏"我爱铜官乐，千年未拟还"，只是很少为人们提起，那些似乎已被遗忘的文化瑰宝仍在历史这条长轴上熠熠生辉。如今，在经过改革开放多年发展的洗礼后，我们重拾那一颗颗岁月遗珠。已连续举办多届的青铜文化节诠释着这座青铜古城的厚重底蕴，2018年4月5日，筹备许久的铜陵凤凰山凤丹文化旅游节成功举办，极大地丰富了铜陵凤丹文化的内涵，更好地传播了"山水古铜都、田园新义安"的美名。除了地方特色的文化活动之外，我们积极交流融合，弘扬中华优秀传统文化，新建成的江南文化民俗村内的剪纸、糖人和以黄梅戏为主的戏曲表演……吸引了来自各地游客的目光，元宵节天井湖公园里有趣的猜灯谜活动，依次游过的灯船，无不展现着铜陵人拥抱优秀传统文化的热情和日益开放的胸襟。越来越多的阅读点以安静雅致的环境得到小城人们的青睐，西方的甜点也逐渐走入人们的餐桌。

改革开放四十多年来，小城的人们正在用自己的方式为中国梦注入新的力量，他们勤奋工作，坚守着自己的岗位，踏实创新，塑造了一个不一样的小城，一个充满活力与生机、充满无限可能的小城。

此地便是我爱的小城，蓬勃发展的铜陵。

此地，吾心归处。

# 新年新春新气象

2019级　胡婷婷

"年年岁岁花相似，岁岁年年人不同。"世间万物都在随时间变化而发生变化，我的家乡亦随着社会发展而变化。

## 乡音无改却不识家乡

吃过早饭的我在马路上闲逛着，没多久只见一个年轻人从车上下来，一脸迷茫，然后走向了我说："请问××庄在哪？"我听完突然感觉很好笑，我偷偷在想，那你可问对人了。我就是这个庄的，而我所站立的地方就是你所要找的。然后我告诉他这里就是他想去的地方。他一脸惊讶地看着我说："怎么可能呢？和我记忆中的一点都不一样，变化太大了，变得我都不认识了。"我听完笑了笑说："怎么变化大了？"就好奇地问问他。他说："小时候这边很少可以看到楼房，而且到处都是泥路，走路的时候总会把衣服弄脏，特别是下雨天。你看现在随处可见的都是楼房，路也都是水泥马路，看起来比以前干净漂亮还富裕了好多呢。"我笑着说："那可不，现在每家都在奔小康呢，好多家都还买了车，都在往越来越好的方向变。"我们又接着聊了一会，然后就问他来我们这里有什么事吗。他说他回家过年。他的回答让我的好奇心又加重了。

后来我才知道他是邻居家的小孩，叫小庆，很早就跟随爸爸妈妈去外地读书，一直都没回来，打算今年回家过年，回到家却不知家在哪。真的是"少小离家老大回"，虽乡音未改鬓毛未衰，但不识家在何处。的确是变化太大了，不仅是城市，农村也在翻天覆地地改变着。现如今，幢幢楼房随处见，条条大路通乡村。久经离家，不识家乡何处也是有原因的。

## 爆竹无声旧岁依除

大年三十那天，刚吃过晚饭，小春就兴冲冲地跑去找她的玩伴，他们两个人很早就约好了，要去河边看烟花，要像往年一样边看烟花边守岁。

往年八点一过，各家各户都吃过饭后，便都会把自己家的烟花搬出去放，然后一场盛大的烟花宴就开始了。这个时候河边可以说是最佳的观赏地点，不仅距离合适，而且河边景色很好。所以总会有很多人相约去河边守岁，热闹时还会点火把照亮周围，一群人围在一起谈天说地，或唱歌跳舞。总之这样的守岁很美好。

然而今年好像有点不一样了。小春和玩伴还没到八点就去了河边，不知不觉过去两个小时了，已经十点了还没看到烟花，小春有些疑惑了，自己默想着是什么原因没放烟花呢，是不是因为都没钱买烟花了。但这个想法很快被她否定了。正想着呢，河边突然亮灯了，比以前的火把还亮了好多，小春更疑惑了。这时一直在外地上学的小庆走过来了，她们说今年都没买烟花爆竹，放烟花爆竹很污染环境。我们为了响应国家"绿水青山就是金山银山"的号召，过春节不买烟花，不放烟花，所以今晚就没有烟花盛宴了。小春有些郁闷。小庆又继续说道，你看我们河边很亮吧，虽然没了烟花，没了篝火，但我们还有漂亮的河景啊，这样守岁不也很好呀！小春笑了，然后说用电灯代替这些似乎也很不错，希望明年我们的河水会更绿更清。过了一会，河边人越来越多了，好像又回到原来那样，大家又开始一起在河边守岁了，一切都是那么美好。

"爆竹声中一岁除，春风送暖入屠苏。千门万户瞳瞳日，总把新桃换旧符。"即使没有爆竹，没有新桃，我们旧岁依然可以换新岁，依旧可以享受美好生活。

"年年有今日，岁岁有今朝。"相信我们未来不仅会延续今朝的美好，还会超越今朝，变得越来越好。

# 向海而生，吾辈启航

2019级　李慧敏

安徽师范大学文学院学生"青年大学习"优秀作品选编

红日初升，其道大光。迈入21世纪，中国正进入新时代，生逢共时，与之共长。我正是新时代的青年。在时代改革潮流中，以新生青年之势，化做滴水之姿，汇入时代变革之中。

自古至今，青少年一代，一直是奋斗的一代、向上的一代、希望的一代。新时代的希望，正是我们新一代的年轻人。前有"少年强则国强"，后有"为中华崛起而读书"。中华民族复兴之路曲折漫长。但未来不足惧，只因我们早已在路上。从奔小康到全面建设社会主义现代化国家。中华民族正迈着稳健步伐走在路上，中国新一代青年正在积淀与成长。国家的希望掌握在新一代青年人的手中，向第二个百年奋斗目标进军，是青年人共同为之努力奋斗的动力。

"十年饮冰，难凉热血。"维新君子梁启超坚持为国，不忘初心。有人认为他总是顺风行事，可我认为，他的初心一直坚定不变，那就是为了国家。在那样一个众人迷茫的时代，前有洋务派黯然退场，后有革命派忽然崛起。梁启超支持的百日维新处于一个"尴尬"的地位。可即使只维持了将近百日，维新运动仍宣扬了新思想。只有爱国忠国的人，才能不顾他人议论纷纷，效力祖国。矢志不渝，初心不改。爱国之心，区区十年又算得了什么呢？我不知他内心有多么复杂，却深深为这句话而感动。若是新一代青年能坚守初心，在这样好的时代，一定能真正为国效力，为国贡献。

"君子之学必日新，日新者日进也。不日新者必日退，未有不进而不退者。"正是学如逆水行舟，不进则退。身为新时代大学生的我们，可算是祖国未来的希望。每一天，都催人奋进。我们新时代的青年要日新，要走上崎岖的路，只为砥砺前行。成就自我人生，才能为国贡献。只有我们实现全新的自我，才会有强盛的国蠹立于世界民族之林。青年人不惧未来，才能勇敢前进在希望的路上。时代在发展，社会在变革，唯有奋斗自强，才能成就小我；唯有心怀祖国，才能成就人生。过去的一百年间，被侵略，被羞辱，被迫签订屈辱条约。多少冷漠与邪恶之心曾认为中国就会这么倒下了。但就是那样一群青年人建起中国共产党，现起中华民族前进新曙光。莎士比亚说："凡是过往，皆为序章。"一代屈辱的历史翻页，中国走上复兴之路。以滴水之势，汇聚时代洪流，谱下青年兴国华章。

　　"不厚其栋，不能任重。重莫如国，栋莫如德。"新时代的中国青年更是无论大小，都正在坚守着那　份自己的中国心，如在一辆公交车上十分钟车程让座五次的小学生，在炎炎夏日为捐助贫困儿童卖雪糕的初中生。一个个简单的小例子，本就是当代青少年风范的缩影。疫情如洪如山，北协和，南雅湘，东齐鲁，西华西，四路医护义不容辞奔赴祖国需要的地方。在前线抗争的，更多的是年轻的面孔，流淌着青春的血液，留柔情在心中，扛责任于肩上。非典时期，被保护严密的青少年长大了，他们选择站出来，保护共同的世界。无论是吹哨人李文亮医生，又或是一个个坚守在岗位的青年人，是他们用激扬的青春，勇敢背负起责任与大义。我们更应该永远将他们铭记在心中，有这样的前辈为我们作榜样，新一代的青年如我，有敬佩，有仰望。

　　几百代腥风血雨、几千年漫漫征程。曾走过绿茵花溪，也踏过枯骨万里。即使有凉薄甘苦，也能一路披荆斩棘，行歌万里。正如余光中先生所说："我的国家，依然是五岳向上，一切江河依旧滚滚向东，民族的意志永远向前。"美哉，我少年中国，与天不老；壮哉，我中国少年，与国无疆！向海而生，吾辈启航！

# 从四张照片看改革

2019级　李楠楠

年关将至，按往年的习俗来看，家人照例要在除夕夜前清扫。我偶然间从橱柜中寻得一本较为厚重的相册，蒙了些细碎的尘霾，相册上的纹饰图案的颜色也略显老气，册边亦被磨出些恼人的翻角，实在是颇具年代感的一本相册啊。

擦拭干净翻开来看，第一张是磨损得难辨人脸的黑白照，照片后却是在泛黄的相纸下仍难掩道劲力道的一串钢笔字"记.壹玖玖叁"，上面站着的约莫是个少年，扶着至今已很难再寻得的"二八自行车"，细微表情虽已难辨，却仍能感受到少年笑得开怀。据父亲说，这是当年大伯父靠自己工作后的"第一桶金"买来的自行车。在那个穷苦的年代，贫瘠的村庄里，二十来岁靠自己就拥有了一辆自行车是一件值得在整个村子里炫耀一番的事。这是1993年，我还尚未出生的故乡，谁家添了辆自行车足以让村子里的人艳羡好几天的故乡。

往后翻看，是父亲、母亲带着年仅六岁的姐姐拍的照片，至于我，应该是在母亲的肚子里。照片色调不甚明朗却已有了除黑白以外的各种色彩，三个人站在一座新房子前——白的墙，青的瓦，红的门，是新房子，是不惧大风大雨有别于土坯房的牢固的新房子。父亲拉着姐姐，母亲靠在父亲身旁抚着肚子，似要将看到自家新房的喜悦传递给尚未蒙世的我——这是2000年，我的故乡，村子里的人大都逐渐摆脱无法遮挡大风大雨的土坯房的一年，生活品质有了质的飞跃的一年。

学不已集

——安徽师范大学文学院学生

"青年大学习"优秀作品选编

第三张是父亲从报纸上截下来的一张照片，照片为鸟瞰视角，入目的是一条河，准确来说是一条亟待建成的大运河，宽广且绵长，将家乡原本连绵不断的旷野横劈成两半，原有的村落住所也被推倒成一片废墟。本来"晴天一身灰，雨天一身泥"的道路被干净且规整的柏油路取代，渐渐的，原本道路上无甚人流的岑寂也变成了车水马龙的繁荣——这是2016年，江淮大运河的动工途经家乡，原本的村落不复存在，这一片故土在短短两年内发生了翻天覆地的变化。

而最后一张是母亲用手机站在远处拍外祖母学跳广场舞的照片，画质极其清晰，可以非常清楚地看到人群后面一座座拔地而起的似要与天际接轨的高楼大厦，还有更远处的横亘在半空中交错的高速公路。而近处则是外祖母和她的几个女伴们在小区的公园里进行常规的晚间娱乐，音乐声极其欢快。奶奶辈的全都衣着鲜丽，步伐轻快地随"乐"而舞，而爷爷们则品茶下棋，不亦乐乎——这是2019年，因为拆迁的原因，我随父母自"乡"全"镇"，深刻地感受到人们生活品质的不断提高，以及精神需求的不断强化。

这仅仅是我家相册里的四张照片，每一张照片的时间跨度都是比较大的，却都非常典型地将改革开放四十年的丰厚硕果凝聚成张张典型。我家乡的变化，恰恰是改革开放四十年的翻天覆地变化的一个缩影。四十年艰苦卓绝的改革开放让老百姓从"吃饱穿暖"，到"吃得好，穿得好"，再到"衣食无忧，安居乐业，共赴小康"。短短四十载，"改革春风吹满面"，这"春风"不仅仅吹来了幸福生活，更吹出了百花齐放的好光景。

而我，多庆幸，能生活在这个时代，百姓幸福感日益增强的时代，国家日益强盛的时代。我可以站在这个新时代的节点，能够回首过去，遥望先辈们走过的路，看他们为现今的繁荣昌盛所流下的汗水与血水，传承他们坚持不懈、不忘初心的精神；能把握当下，抓住新时代给我们新青年带来的时代机遇与时代优势，抓住现有的资源，为以后给社会、给国家做贡献打下丰厚且坚固的基础；更能展望未来，眺望远方的路途，看中国在又一个四十年里再一次缔造令世界惊叹的奇迹。而我们，作为新时代有理想、有担当的新青年会接过先辈们手中的担子，将这一条"中国路"走得更加美好、更加顺畅！

# 青春逢盛世，奋斗正当时

2019级　林心悦

　　一代人有一代人的使命，一代人有一代人的担当。100多年前，中国青年以身试险，推翻封建帝制的樊篱；90多年前，中国青年奔走呼号，为中国带来新的希望；40多年前，中国青年摸着石头过河，拉开了改革开放的序幕。如今的我们，身处和平安定的时代，亲眼见证了大国的崛起，亲身感受到了国家的强大。此时的我们，拥有前所未有的良好教育与开阔眼界，更拥有在新时代开阔水域乘风破浪的底气与资本。既然历史的舵已经传到了我们手里，我们就应以青年的轩昂姿态，为国家开辟发展新航线。

　　放眼当今中国：经济实力不断增强，建立起覆盖全方位的社会保障制度；军事实力不断增强，纪律严明、作风优良的人民军队为我们撑起了一片天；外交实力不断增强，无论何时何地，只要遇到危险，中国护照都能带你回家；科技实力不断增强，从核潜艇的成功研制到C919大飞机的腾飞，中国的科技水平震撼世界。

　　正所谓"玉在山而草木润，渊生珠而崖不枯"，祖国的繁荣富强为我们提供了良好的生活条件，然而人民积极探索、开拓进取、勇于拼搏的精神，才是中国强盛的保证。诚然，青年是未来之光，中国青年是中国的未来，是中华民族的希望，是实现中华民族伟大复兴的先锋力量。

　　吾辈青年，应树立远大理想。迈步在新时代的征程上，理想就如晨星，指引我们前行。因有拯救民族危亡的理想，才有孙中山先生的弃医从文、投身革命；因有保护文物的理想，才有樊老亲赴敦煌，打造数字敦煌的伟大成果。在世事纷繁的社会中，只有理想会将我们引入正确的道路，只有理想才能让我们不顾艰难险阻，勇往直前。因此，吾辈青年应树立远大理想，奔赴山海。

吾辈青年，应热爱伟大祖国。余华老师说过，你们处于一个最好的时代，过去还未过去，未来已经到来。中国，从四方来仪、万邦朝贺的大唐盛世走来，从血雨腥风、飘摇欲坠的战争时期走来。没有革命先烈用鲜血与生命开道，怎会有如今太平中国的存在；没有核武器专家们20多年的隐姓埋名，怎会有现如今的大国重器。如今，虽然少了生与死的考验，少了烽火与硝烟的洗礼，吾辈青年更应铭记历史，铭记先辈精神，将个人命运与祖国发展联系在一起，心怀爱国赤诚，立志报效祖国。

吾辈青年，应担当时代责任。如今，科技发展日新月异，人工智能渗透我们生产生活的方方面面，第四次科技革命已然到来。谁能占领创新的制高点，就能占领科技制高点，也就占领了发展的制高点。"惟创新者进，惟创新者强，惟创新者胜。"恰逢全面建成小康社会的关键时刻，我们应抓住机遇，敢于创新，于"破立"之中描画中国发展新蓝图。

吾辈青年，应勇于砥砺奋斗。山峰就在那里，它不会为你降低海拔，只有你为了到达顶峰而努力攀爬。我们都想成为闪闪发光的太阳，但有些人做到了，而有些人却日渐平庸。我想，最主要的原因就是他们努力的程度不同。这是一个竞争激烈的时代，你不努力，总有人愿意努力。我们只有不断砥砺自我，奋力拼搏，才能拂去一身灰尘，在我们热爱的世界中发光发热。

吾辈青年，应练就过硬本领。这是一个飞速发展的时代，人工智能已经能够取代大部分劳动力成为生产一线。因此，没有过硬本领的人很快就会被社会所淘汰。作为高校学子，我们应明确自身未来发展方向，结合专业所学，不断充实自己的科学文化知识，丰富自己的实践经验，在理论与实践的结合中练就过硬本领。

吾辈青年，应锤炼品德修为。康德说过，在这个世界有两样东西值得我们仰望终生：一是我们头顶璀璨的星空，二是人们心中高尚的道德律。在经济快速发展的当今社会，很多青年精致利己，老于世故，囿于一己之私，湮灭了人性的光辉，这绝不是青年所应有的行为。我们是中国青年，是中国形象的代名词。我们不应站在道德的制高点绑架别人，也不必窝在道德的阴暗处自怨自艾。我们要做的是坚守道德底线，散发人性光辉，照亮自己，也照亮他人。

作为新时代青年，我们应如鲁迅先生所说：愿中国青年都摆脱冷气，只是向上走，不必听自暴自弃者的话。能做事的做事，能发声的发声。有一分热，发一分光。中国青年应志存四方，心系天下，不驰于空想，不骛于虚声，以青年之轩昂，添大国之风光。

# 改革开放"协奏曲"

2019级　刘　晨

　　有一位老人在中国的南海边画了一个圈，那里便神话般地崛起一座座城，奇迹般地聚起一座座金山，从此拉开了改革开放的序幕。1978年至今，改革开放已经进行了四十多年，但它的劲头丝毫没有消减，仍在向我们讲述着春天的故事。

　　1978年召开的十一届三中全会通过了改革开放的政策，从此，对内，中国在农村实行家庭联产承包责任制，在城市扩大企业的自主经营权，让日常的生活生产拥有了更多的灵活性；对外，中国建立经济特区，以点到线到面的形式，开放了一批城市，扩大中外的交流与合作，为我国经济发展注入活力。

　　"积力之所举，则无不胜也；众智之所为，则无不成也。"回顾改革开放的历史成就，深圳的崛起让我们惊叹不已，它因改革开放而生，因改革开放而兴。四十多年前是人口仅有3万人左右的小渔村，四十多年后是常住人口总数超过一千万的大都市，其中的变化让人难以相信但又在意料之中。这一座大都市的诞生是人们携手共进的成果，每个生活在这种城市的人，都竭尽自己的智力与财力，为城市的发展助力，是人们共同努力才造就了今天的深圳。

　　"时序轮替中，始终不变的是奋斗者的身姿；历史坐标上，始终清晰的是奋斗者的步伐。"改革开放实行四十多年，少不了风风雨雨、坎坎坷坷，但值得庆幸的是，总有人为我们负重前行。他们始终坚守奋斗者的

学不已集

安徽师范大学文学院学生
「青年大学习」优秀作品选编

身份，在自己的岗位兢兢业业。他们是航天工作人员，不辞辛苦、十年如一日地摸索、研究，成功发射数颗卫星，为我国实现航天梦；他们是科学家，成功研究并推广杂交水稻解决人们的温饱问题、开发新能源，助力可持续发展战略；他们是人民教师，将毕生所学传播给一代又一代，为我国发展培养知识人才，为国家做出贡献的人不一定都是高端知识分子，这些奋斗者存在于不同的职位，有着不同的社会地位，他们都是平凡的人，但他们都有不平凡的伟大。他们将平凡留给自己，将伟大奉献给国家和社会。

"一个有希望的民族不能没有英雄，一个有前途的国家不能没有先锋。"我们国家在改革开放四十多年来之所以能取得如此大的成就离不开人民的英雄、人民的先锋。他们敢为人先，在国家有需要的时候挺身而出；他们舍小我成就大家，甘愿奉献自己的一生，即使牺牲生命也在所不惜；他们不计较个人得与失、名与利，愿为国家利益隐姓埋名；他们是一束耀眼的光，为国家的发展照亮前行的路。英雄也是有血有肉的普通人，但他们拥有一颗伟大的心。因为有他们，我们国家才能得以迅速发展，才能做到"江山不负英雄泪"。

余光中在他的诗《欢呼哈雷》中写道："我的国家，依然是五岳向上。一切江河依然是滚滚向东，民族的意志永远向前。"中国的发展史并不是一帆风顺，甚至多次受到阻碍，但中国人怕了吗？不，我们不仅不怕，而且我们满怀信心勇敢往前，即使未来的路充满未知与冒险，因为我们有信念，我们相信自己的祖国，相信让我们倍感自豪和骄傲的祖国。四十多年的改革开放使中国发生了翻天覆地的变化，这证明了党和国家决策的正确性，党和国家始终是引领我们走向正确道路的引路人。

"乘风好去，长空万里，直下看山河。"春天的故事还会继续延写，改革开放的协奏曲也会不断奏响。时代的洪流从不停息，发展国家的重任一代代交付，最终也会由新一代大学生挑起，可能大多数人还没准备好，但我们在时刻准备着，我们始终坚信只要心中有阳光，脚下有力量，我们的国家将生生不息、代代延续。

# 无为有为

2019级　罗梦涵

　　2019年12月26日，无为撤县，设市挂牌。那日的县政府门前，人头攒动，灰蒙蒙的阴冷天气挡不住居民的热情，生活在这里见证无为县一步步前进的居民，自发来见证无为市挂牌。无为撤县立市了！在呼喊声中，我仿佛看到破败的无为县转身离去的落寞却又心满意足的身影。

　　无为，地处皖江中部，临江滨湖，虽没有江南雨巷，倒也有小桥流水，烟雨行舟。提及无为，人们或许对它的印象还停留在农村的土坯房、渡船过河，它只是个不起眼的贫困县。但在我眼里，它就是我的家乡。家乡，不管被冠上什么样的头衔，都是让我肆意撒欢的地方。我记得，不知愁滋味的小学时期，在布满杂草的操场和小伙伴捉蚂蚱；我记得，在老师的带领下和同学们排着长长的队伍手牵着手从学校出发，走到电影院去看电影；我记得，当年校庆，在铁山影剧院的后台，我哆哆嗦嗦又隐隐期待；我记得脆脆甜甜的炒米糖，肉嫩味鲜的板鸭。这些纯真与甜蜜，全都来自这个"贫困县城"。

　　无为就像是个勤勤恳恳、默默做事的农家小伙，脚踏实地发展，等人们注意到时，他已焕然一新。因为久居于此，我常常忽略身边发生的一点一滴的变化。高考结束的那个暑假，我悄悄溜进小学，回到旧处，却不是在物中寻找曾经，而是顺着回忆来辨认旧物了。曾经的野草遍生的操场不再能见到那蹦蹦跳跳的虫儿，取而代之的是塑胶跑道、主席台，学校门口的湿地消失不见，学区房拔地而起，曾经的花坛被综合楼取代，路边摊移入店铺。纵然它已不是我记忆中的模样，但这些变化让人欣喜。我也终于开始直面那些曾被忽视的家乡变化。

原来，土坯房我已经很久没有再见过，渡船过河的经历仿佛随着童年一起被岁月带走，承载着我太多欢快回忆的乐园——铁山影剧院也早就被拆除。某一天，我在桥上不经意望见河边停泊的渡船，橙红的夕阳收尽苍凉残照，水天一色中，渡船停泊在岸边，我突然想起——自这桥修建后，我便再没有坐过渡船。有的事物不得已渐渐消失在时光里，但换来了无为新的面貌。

当初的铁山影剧院被拆除，带走了一些人的青春，后又建起米芾广场，建起新的一代人的青春。米芾广场旁，就是无为的文化遗产之一——米公祠。以文化带动经济发展，以经济发扬文化。米芾广场以新崛起的活力与势头吸引群众，让遗产不被遗忘。有的事物仍然被保留，并利用群众基础将口碑越做越大，成为无为的地方特色，推进乡村振兴。肉嫩味鲜的无为板鸭已经打出名声，严桥花生米成为一方标签，无为螃蟹盛产而畅销，成为无为农产品区域公共品牌建设的"排头兵"。来到陌生的城市，当我说出自己是无为人时，别人的一句"哦，无为板鸭"也能让人欢喜。

我见过一些事物的逝去、变化与发扬，也见过新事物的萌芽、兴起与发展。三年时间，无为完成了城乡公交一体化建设，实现乡镇公交全覆盖。但这并不是终点与结束，而是开始，在不断摸索中不断改进，为民众服务，后来，又根据民众反映，交通运输局将旧长途汽车站改造为城市交通枢纽，以此实现城乡公交一站式无缝换乘。城乡交通一体化改善了百姓的短出行的出门方式，而高铁，无疑是对人们的长途出行提供了巨大的便利。我们的出行可以不再依赖长途汽车与绿皮火车，朝发夕至甚至更短时间的高速度让人更乐意出行。同时，网上订票的便捷操作省去人力物力，简单的一张高铁票，或是归属，或是离别，或是征途，无论是哪种，它都一定是为人民服务的初心。无为只是一个缩影，中国高铁，是向世界递出的一张中国名片，是中国基础设施建设的发展现状的生动说明。

安徽无为，大有作为。无为撤县立市了！在呼喊声中，我仿佛看到破败的无为县转身离去的落寞却又心满意足的身影。无为县，你默默做出的努力我们不会忘记，那些纯真甜蜜的回忆也属于你。

再见，无为县！你好，无为市！

# 年关雪

2019级　全雅雯

2019年的年三十这天，我随父母回乡。

下午下着雪，天气雾蒙蒙的，像是冬天的风，饱含着水分的雪花在温热的地上很快就会化开。今年回家换了条道走，新的国道是在这两年建起来的，爸妈说我离乡后不久，新国道的最后一段路也修缮好了，回乡的大巴车也改了道，不再从一座座村庄中穿过，而是远远的、远远的在山野间平直地行驶，偶尔转过一些大弯，远远的、远远的绕开那些错落有致的民房。我紧贴着车窗往远处看，山坡上的风车在风雪里、在薄雾里伫立着，好像转得很沉重，实际上却很轻盈。

像是归乡人的心情。

小的时候，我并不喜欢回家，家人总是很忙，一年回去不了几次，不过过年是必须要回家的。烧着柴油的大巴车挤挤攘攘，缝制得过于厚重的棉服和车厢里的陈年烟味压得人喘不过气来，我总是在母亲的腿上睡着，不时被来往渣土车啃噬过的坑洼国道车辆的颠簸，或是车厢里的燥热惊醒。人们从城里回乡的时间总是那些天，紧紧挨挨的。尤其是过年，家人们有时在电话里商量着，什么时间回家不至于上不了车，可每年都是一样的，再怎么去猜测别人回家的心理也是无用。到了镇上下车的时候，路面上的雪被来往人群踩得泥泞不堪，各色大巴车停了半条街，来了一辆，就有另一辆即刻发车，但即使是这半条街的大巴车，也装不下所有回乡的人。

只是近几年过年时，行车到镇上，再难见到排得那样长的大巴车停靠在街边了，偶尔有两辆紧挨着停在一起，都很少见。街上店面前的私家车越停越多，挂着的多是邻近几个省的牌照。加上下着雪，街面上显得清冷许多。

到家中时，天已经是沉沉的了，像是深蓝色的老式窗玻璃，也像是深厚的海冰，有些暗，但还透着些许的光，让人想起小时候写作文喜欢用"碧空如洗"这个词。闷在车厢里几小时，和家人一一寒暄问候、放下年货后，我萌生出去走走的想法。

甫一出屋门，细雪就迎面扑过来，寒气就击中我，却并不令人生厌，反倒是添了些过年的实感，倘若哪年到了过年却不下雪，总会怅然若失。我要往院门去，又被家人叫住，说半冻住的雪水很容易摔跤，天也黑了，不要再乱跑。我每每回到老家总爱一个人往田野里去走，家人们总不放心。我只好说，我就站在院门前，哪儿也不去。

正对着乡道的院门有着浅浅的檐，跨过四五步宽的窄窄乡道，隔了一条浅浅的种着芝麻和南瓜的小水沟，就是田地，一眼足以望尽。老家门前的村村通乡道，是往村旁的那几座矮小的石头山去的，山前有座水库，几乎每年冬天，家里人都会去水库的坝上走一走。他们喜欢走那条水泥砌成的平整路面，而我喜欢穿过河沟，穿过杨树林，从田野里走过去。

如果是在寻常的年后某天，我路过一揸半长的麦苗时，经常停住脚步，压下眉头远望，看那些用土石自然垒成的低矮小丘。土山半秃不秃的，疏疏落落栽着些或盘虬或直挺的老松。收回视线，背着手，再慢悠悠地向前迈着步子。如果是在春日里，幸运地迎面遇上羊群，赶羊人驼着背，手里既无树枝，也无细鞭，只消他走着，羊群就拥着他跟随，在目光交会之间浅略读出些闲适，便别过了。那时候风吹过，鹧鸪飞过，留下一串渐行渐远的鸟鸣。而我只是行走，行走。

通常在年后的某天，在山里会有庙会的。进山的路上停满了车，人

学不已集
——安徽师范大学文学院学生
"青年大学习"优秀作品选编

们携家带口地去山里，小小的寺庙被青烟缭绕，枯树上的红丝带又在触手可及的枝条上多了更鲜艳的色彩。其实去庙里祈福的人不多，乡亲们都是冲着热闹和那些山路两边让人眼花缭乱的摊子去的，过年嘛，总是要在热闹里加上自己的身影的。只是今年情况特殊，村里有麻将桌的几户人家麻将局也很少开，恐怕这庙会，也是办不成了。

烟囱里的烟被夜色磨成了更为细小的颗粒，一丝不落融化进空气里，占据着很大的成分，也把我从那些思绪里拽回来，就好像是雪。雪落在家乡的时候，总是像在说着一年要结束了，此刻的炊烟也一样，宣告的是相亲相爱的人们敞着门——因为夜色并不能驱散团聚的温暖——在一年的结束这天，吃一顿圆满的年夜饭。我知道很快家人就会找我的身影，喊我的名字，于是我转身向亮堂的、家人开始落座的堂屋走去。

在今夜，除了春晚，不应该有多余的等待了。这一年我们经历过太多等待，即使知道团圆的这天终究会来。也许还有人在路上，也许团圆不能如期如愿地在每个家庭都上演，但新的起点还在招手，轻轻地说出最朴实的祝愿。

新的一年里，一切会更好。

# 家乡小镇四十年的蜕变

2019级　陶琬璐

改革开放四十年来，国家时时刻刻不在蜕变之中。大到高楼耸立的都市，小到鸡鸣犬吠的乡村，都沐浴在改革开放的春风中。

我的家乡襄安是无为这个大有作为的小城底下的一个小乡镇。听祖辈忆起，四十年前的襄安镇还是一片破墙烂瓦，坑坑洼洼的木桥，青石板铺成的小道，倒真有些杏花烟雨江南的意味。

石子路尽头的那座木桥简易便捷，从这个村头联结到那个村尾，桥底是洪水猛兽。胆子小的孩童过桥时颤颤巍巍，两条腿抖成筛糠，还没过到一半，哭着闹着不走了，进也不是退也不是，再往下一看是在桥的阴影下更显阴森的"黑水"。不能看久，"你在盯着深渊的时候，深渊也在盯着你"，再看下去，仿佛自己也置身其中了，耳畔传来的是哗啦啦的流水，间或激起的波浪好像把自己也顺带卷了进去。这时心就更慌了，已经过了桥的小伙伴站在桥那头跳着叫着呼喊着，还没过桥的孩子着急忙慌地催促着，罢了罢了，最后那孩子索性趴下身子匍匐着过去。心里想着下次可不能再来遭这个罪了，转头就和朋友打成一片，玩到傍晚回来时却早已把这个想法抛到九霄云外去了，下次在同龄人的怂恿下还是免不了要来的。天气晴好的时候，农忙就开始了。农用车后面装着满满一车的稻把子，老远就听见轰轰隆隆的声音了。过桥时整座桥都在颤抖，原本在桥上走得好好的路人瞬间就不敢动弹了，紧贴着桥栏杆，等车子

学不已集

安徽师范大学文学院学生
"青年大学习"优秀作品选编

过去好一会儿才敢慢慢挪动步子。

学校旁很早之前就有新华书店，那是镇上唯一的书店，青石板路歪歪扭扭一直铺到门口。里面的书都用塑料密封起来，那是不给翻看的，谁想看就得买。住在街上岁数稍长些的高年级孩子隔几天就去买书看，买到手都是崭新的，塑料包装袋在阳光下熠熠生辉。那农村的孩子可就可怜了，岁数稍大些的早就去外省学徒打工了，家里岁数小还在念书的，每天放学后眼巴巴地趴在玻璃橱窗上，老远地瞅着书架上摆得满满当当的绘画书，鼻涕口水抹了一玻璃，最后还是垂头丧气地走了，只留下玻璃橱窗上半人高地方一排不整齐的口水印。

街上的居民楼少之又少，村里更是连没抹水泥的小平房都很少见。镇子上谁家有个电视就是小朋友们中的老大了，送糖送果百般讨好就想傍晚串门的时候可以蹭蹭那台12寸的黑白电视尝个新鲜。各个村庄上街的那条土路表面连碎石子都没铺过，一下大雨就惨不忍睹了，鞋印、车轮印、野猫野狗的爪印，雨过天晴的时候去找说不定还能在哪个坑里发现一只泥糊的胶鞋。

四十年后的今天，再次凝视这座小镇，丝毫看不见当初贫穷落后的影子。街上是新开发的楼房，楼顶一排排整齐的热水器外机在太阳的照耀下闪着金光。街道两旁新开了一家又一家的甜品店，那些大城市才有的品牌衣裤店隔三岔五地就举着喇叭喊促销。农村两层的小洋房随处可见，蓝天白云映照着明窗直晃人眼球。农村的孩子嬉笑打闹着从新修的水泥路上奔过来，连脚边扬起的尘土都是快乐的。门后那座摇摇晃晃的木桥改成了水泥桥，街口的书店一年一年也增添了许多。不论年龄大小，孩子们都可以不受约束地走进书店，看见喜欢的小人书就伸出胖乎乎的小手从鼓鼓囊囊的口袋里抓几张票子毫不吝啬买下。书店出现了课外复习资料，农村也有了考上大学的高材生。

去乡下外婆家拜访，弯弯扭扭的水泥路两边不再是杂草丛生，半人高的蒿子被修剪得整整齐齐，倔强难驯的树也服服帖帖地站在路旁，视野畅通无阻。路口的那间年久失修的老式茅房被推倒重建，干净整洁的公厕取而代之。傍晚六点，路灯齐刷刷地亮了起来，我牵着外婆在亮如白昼的路上散步。她一会儿指着一栋楼房回忆曾经还是稻田时它麦浪滚滚的样子，一会儿指着一片螃蟹养殖场叙说曾经棉花丰收时它漫天软云的模样。夜深如水，周遭人群渐渐稀疏了起来，路灯还是亮着，晚归的人影子拉长又变短。村庄静悄悄的，偶尔传来几声犬吠……

以前感知改革开放，是在历史书上，在明信片里。如今感知改革开放，是在街角愈加受欢迎的高档衣帽店里，在老爷爷老太太们愈跳愈欢的广场舞中。

# 纵是梅花香如故

2019级　席　雪

在我的记忆中，老家的老宅旁有一浅浅的小沟，岸旁是村里最大的一片树林。小时候耐不住性子，常常拉着表姐去那里玩，每次回家都要被母亲数落一番。

今年过年是我上大学后过的第一个新年，就想着好好逛逛，好好玩玩。一回到老家，便直奔表姐家，打算找她戏耍去。毕竟不是小孩子了，高中时，各自读书，交流的机会也不多，长久不见时，一开始就容易找不到话题。

"表姐，你那学校怎样？我觉得应该挺不错的，毕竟选的是你很喜欢的专业，看你平时发的朋友圈就能感觉到你的大学生活忙碌又充实……"后来，聊着聊着就提起小时候的事，便想着去老宅那里看看，找找旧物，再去细细咀嚼自己曾经的快乐。

"你们就别去了，老宅子那边早就没什么东西了。"我们刚打算出门便被四奶奶给拦了下来。我们一问四奶奶才知道，老村子里没什么人住了，只留下各家各户的空房子，经过大家的商量，最后决定将老村子里的土地租出去，用来支持光伏发电项目。

"我还说要顺便去那片林子里玩玩呢，既然老房子都拆了，那我们就去看看光伏发电吧！"我激动地说着，脑海中不停地想着那一排排的器械，该是多么壮观呀。

"我也想看看，那我们现在就去吧，我都等不及了。"原来，表姐的激动不比我少呢。

我俩刚过了村口的那座桥，就不太认得路怎么走了。原先，房舍错落有致，每家每户门口都有一个园子，房前屋后总是栽满了树，如今，老房子都拆了，这里被规整有序的太阳能板所代替，我俩只能凭着依稀的记忆，慢慢找路，好一会儿，才来到那片树林。

"姐姐，你看，这里这么多的太阳能板，政府投资了不少呢!"

"是呀。如今国家那么重视农村工作，这毕竟是人民的事，关系到人民生活幸福安康的大事呀。"表姐站在浅河对岸，望着那反射着阳光的器械，就像看那金黄麦浪一般。这里不仅是我们的老宅子，而且还承载着这一村人的希望。

我俩正感慨着，一股淡淡的香气萦绕而来。

细细闻了，觉得味道很是熟悉。

"是那株梅花!"

小时候，我俩在这个树林里玩过家家的游戏，找了半天都找不到什么像样的花，正巧，四奶奶门前刚栽了几株小梅花树，我俩就悄悄地拔了那最边上也是长得最小的一株，偷偷栽到了树林最远处，就是怕被四奶奶发现。过了不久，就忘了。直到又一年冬天，我俩在树林里闻到了略微浓郁的花香，正纳闷着，突然想到了那株梅花，过去一看，它依旧是瘦瘦小小的，但却开满了花。因为那年是我家生活渐渐好转的那一年，所以记得还算清楚。这么多年了，如今，它仍在这。

我俩在这里逛着，戏说着儿时的趣事，看到一些小东西也能说出当时好多的事来……不知不觉中天色就晚了。走时，我俩又去看了那株梅花树。

"零落成泥碾作尘，只有香如故。"

从前，大家住在老村子里，左邻右舍，极其亲密。现在大家都在外，为生活奔波，我们这些当年的小孩子也已经成年，上了大学。虽然猛然一见会有些生疏，但不用一会儿，便又和从前一样。虽然身边的环境变

学不已集

安徽师范大学文学院学生
「青年大学习」优秀作品选编

化万千，但也正如那株梅花树一样，在那顽强地立着，照着花期肆意绽放。我们也是一直知道自己的立身之本在哪，知道这里的人永远值得自己信任。无论我们走到哪里，这个小地方永远是我们的家乡，如果自己有能力，一定会为家乡建设尽微薄之力的。

从古至今，每个人对美好生活的向往，为美好未来不断拼搏的精神一直没变。无论我们经历什么苦难，也是一直相信风雨后会见彩虹。我们现在的好生活，大改变，也正是大家一直怀着这样的信念，不停脚步，努力拼搏闯出来的。

在这个新时代，让我们这些新生代，用自己的微薄之力，帮助大家一起实现中国梦吧！

# 代代征途

2019级　熊春芳

学不已集

安徽师范大学文学院学生
「青年大学习」优秀作品选编

一代人有一代人的长征，一代人有一代人的担当。

——题记

## 雄关漫道真如铁

他与共和国同岁，生于大别山深处，一生未出过什么远门。只有在晚年时，才有幸看一看外面的世界，看一看这泱泱大国风貌。

幼时，他家中兄弟姊妹多，过的是拆东墙补西墙的日子，总是吃不饱饭，没力气干活。

"那时是真的苦，我想着，什么时候能解决温饱问题，我就知足了。"后来的他看着大片稻谷时对他年幼的孙女说。

他那一代人是听着毛主席的讲话长大的。父亲告诉过他："家纵贫寒，也须留读书种子。"青年时的他没有忘记父亲的话，就算是在最为艰苦卓绝的时候，也留有希望，要读书，要向上。读书没有使他"朝为田舍郎，暮登天子堂"，却间接改变了他孩子的命运。

等到了中年，他为孩子读书的事发愁，解决了吃饭的问题，却没有解决读书的问题，他不想让孩子吃没书读的亏。接着又听说凤阳小岗村人的生死文书，再就是家庭联产承包责任制实行了。

"还是党好啊，要是没有包产到户，包干到户，那鸟怎么能飞出深山，看到外面呢！"他讲述着农村改革带来的机遇和发展，孙女是第一次觉得课本上的历史离他那么近。

农村改革解决了孩子读书的问题，他第一次出远门是送小儿子去南京上大学，南京好大，对他一个深山的汉子来说，会迷路的。

他对孩子说："我就送你到这了，接下来的路要靠你自己走了。"

他拆掉茅草房建起土坯房，他跨高山迈娄山关，前半生真当是——雄关漫道真如铁。

## 而今迈步从头越

他生于改革开放初期，他是大山的孩子，他没有见过外面城市的繁华，他只知山里穷撑不起他的梦想。

他在书里读到"车如流水马如龙"时想不出那画面，他家那台黑白电视机里讲着大城市的繁华，虽没有色彩却也心之所向。

父亲告诉他，要记住知识改变命运。在那一个个点煤油灯、点蜡烛的晚上，他告诉自己，他要飞出去。即使笨也不丢掉书本，即使苦也不放弃渴望。

终于在20世纪90年代末考进了大学，成了那个小山村里最先飞出去的金凤凰。近20年的努力，还有父母亲和大哥的血汗才换来一个上大学的机会。

可事实还是给了他很大的一个打击，他和父亲花了一天的时间在凌晨到了南京，出了火车站才发现南京好大，竟然迷了路，几经转折才到了学校门口。凌晨南京的街头只有路灯微微发黄，舍不得拿钱去住旅馆，硬是从三四点熬到了上午八点才去报到。

父亲告诉他："我就送你到这了，接下来的路要靠你自己走了。"

他不敢松懈，仍然发奋读书，只有永不遏制地奋斗，才能使青春之花即便是凋谢，也是壮丽地凋谢！

他庆幸国家的改革开放政策，毕业之际他利用自己的专业优势抓住机遇，成了一名国企员工，有了父母眼中的铁饭碗。

而如今，他也是不惑之年，早已在省城立足，有一儿一女，还记得常回家看看。深山里的石子路前几年修成了水泥路，雨天不再硌脚也不用沾一身泥泞，村里的那座小庙也已经修葺一新，明黄色的墙身在夕阳下熠熠生光，老家的土坯房已成了一栋三层的小楼房，夏天的晚上还能看见漫天萤火虫。

因为他不会忘记"人虽富贵，不可忘力穑艰辛"。

父亲为他迈雄关，他从头越向更高处。

## 诗酒趁年华

她生于这世纪初的辛巳年，长于大别山，父母都是农民工，很早就将她和弟弟丢在了老家。山水田园间，老农牵牛，一曲民歌，风间云下，飞鸟倦而归，每一天都是一幅画一首诗。

爷爷虽是农民，却写得一手好的毛笔字，桌上总是摆着《毛泽东选集》等书，边角都起皱了还是会一点一点压平。爷爷说："旧但不能磨损。"这是书的尊严。

上大学的小叔暑假回家时，总会带些糖果给她吃，她吃成了一嘴烂牙也脱不了甜。夏日傍晚小叔会为她和弟弟去捉知了。再到稍晚时分，天上有了漫天星辰，草丛里也有流萤飞翔。小叔会为她指天上的星星，会为她捉萤火虫。他教她读："银烛秋光冷画屏，轻罗小扇扑流萤。天阶夜色凉如水，坐看牵牛织女星。"你一句我一句地学，开始了她对知识和诗的探索。

后来叔叔工作了，一年暑假带她去省城，去图书馆看书，去逛大学，

学不已集

安徽师范大学文学院学生
『青年大学习』优秀作品选编

去看城市繁华。她在心里种下诗与远方的种子，后来她也做到了。

她是幸运的，四十多年改革开放的发展，国家逐渐强大起来，她的父辈与共和国一同发展撑起一个小家，而她在大国小家里岁月静好地长大，诗酒趁年华。

他是我的爷爷，他是我的小叔，她是我。爷爷的青春为温饱奔波，叔叔的青春为富强奋斗，才能让我追逐诗与远方。正如国家一样，从站起来到富起来再到强起来，是靠一代代人的奋斗才得来的。三代人代代征途，每代人的长征不同，但使命担当不减，如果每人都成为一束光，那中国必将成为一轮闪耀的太阳。

"红日初升，其道大光；河出伏流，一泻汪洋。"青年一代是冉冉升起的太阳，而中国必将同青年一样矗立于世界东方。

每一代有每一代人的宿命、委屈、挣扎、奋斗，而我们的征途是星辰大海。

# 顺势而生，踏浪而行

### ——谈家乡之巨变

2019级　王琪瑞

　　从新中国成立到改革开放，中国人褪去了身上的稚嫩，不再一味效仿，而是自力更生，探索出了符合国情的中国特色社会主义道路。改革开放所创造的环境真正使国家富起来、强起来了，也真正让中国迎来了翻天覆地的巨变。这，就是中国奇迹。

　　我的家乡是安徽省的一个小城市——铜陵，作为其中一员，我也真切地目睹了改革开放给我家乡带来的巨大变化。无论是经济上还是精神上，都让家乡的人们有了更丰富的体验。

　　家里老一辈们曾说，在他们那个年代，改革开放的政策还没有提出，百姓的手里也没有积蓄，常常是吃了上顿没有下顿，子女们读书超过四五年已经很奢侈，农村人口远远大于城市人口，知识水平普遍很低。

　　如今却不一样了，时代在进步，一切都发展起来了。人们的物质水平明显得到提高，消费也不再只是局限于温饱，而是更加注重消费体验。以前满是泥泞、凹凸不平的路面也都被水泥路代替。街道市井里很少有之前垃圾遍地的现象，社区的管理效果也越来越好。在教育层面，孩子没学上的情况已经很少见，城市的整体教育水平得到显著提高，家长在此基础上也更加注重多方面发展素质教育。最令我感到震撼的是环境质量的明显改善，在自然环境上家乡告别了以牺牲环境换取发展经济的发展方式，更多采用绿色生产，充分利用太阳能等可再生能源。与此同时，还关闭了污染严重的旧式工厂，极大地改善了空气质量。在环境上，人们保护环境的意识已经成为社会的主流，并通过行动真实体现出来，更重要的是人们家国情怀的提高，过去的2019年是中华人民共和国成立七十周年，整个城市都洋溢着浓浓的喜悦和对祖国的深切期盼，不论是社会宣传还是市政府广场上的"中国创造"模型，都表达了市民对国家成就的幸福感和满足感。

面对家乡如此之大的变化，在惊喜的同时也引发了我的思考。改革开放是一种实实在在的创新，是整个社会进步的阶梯，总能创造令人意想不到的奇迹。

"江河万里总有源，树高千尺也有根。"我们要心系祖国，无论走多远，都不要忘记自己的本心。不仅要有"路漫漫其修远兮，吾将上下而求索"的毅力，还要有"勇立潮头终不悔"的果敢和"变则通，通则久"的创新精神。只有这样，改革开放的事业才会不断焕发出新的生机活力，造福每一个华夏子女，而非固守成规、安于现状。作为新时代的青年，我们最先触碰时代的前沿，如何建设更加美好的家园，则需要我们做到有理想、有本领、有担当，尽管学识尚微但不囿于固守的天地，尽管羽翼尚疏却不困于狭小的课桌，学以致用，并将我的梦融入家国梦中，时刻把国家的利益放在首位，只争朝夕，为祖国的未来努力奋斗，明确新时代的定位，肩负新时代赋予的使命，以勇毅奔跑的姿态逐梦，迎着改革开放的潮流勇敢成长，踏着时代卷起的浪花砥砺前行。

回首过去四十年，中国人民虽风雨兼程，但是收获颇多。改革开放不仅见证着家乡的变化，更承载着一代人对国家的梦想和期盼。对于如今所取得的成就，我们不能让它迷住了双眼，让"浅草"没住了"马蹄"，而应薪火相传、与时俱进、勇敢拼搏，踏踏实实走好我们这一代的"长征路"。

# 愿青年

2016级　罗崇智

愿青年
树大志，乘风破浪
直挂云帆济沧海

愿青年
怀龙胆，一往无前
初生牛犊不怕虎

愿青年
扬弘毅，胸怀天下
吾辈岂是蓬蒿人

愿青年
勤学习，读破万卷
学富五车通古今

愿青年
多实践，知行合一

多入虎穴得虎子

愿青年
永不弃，卧薪尝胆
三千越甲可吞吴

# 青春的色彩

2019级　陈慧慧

黑暗的苍穹里，隐藏着大海深沉的叹息；
无垠的寂静中，潜伏着旭日璀璨的东升。
那是1921年的一道曙光，
给华夏大地带来了希望。

厚重的黄土里，埋藏着烈士的忠魂；
飘扬的国旗上，彰显着民族的骄傲。
那是1949年的庄严宣告，
挺起中华人民共和国的脊梁。

甜美的肴羹里，飘散着生活幸福的呼吸；
五彩的衣裙上，书写着未来满满的憧憬。
那是1978年的伟大改革，
揭开了中华民族新的华章。

朋友，你可曾看清：
有的人的青春是黑色的，他们顶着黑暗寻找光明；
有的人的青春是红色的，他们冲锋陷阵挥舞战旗；

学不已集

安徽师范大学文学院学生「青年大学习」优秀作品选编

有的人的青春是金色的，他们黄金时代投身改革。

正是诗酒年华，意气风发，

何不奋发图强，一展宏图，渲染青春最绚丽的色彩。

# 你我生逢盛世，争做榜样青年

2019级　董起杨

改革开放四十年，春华秋实新时代。
党和国家同发展，伟大事业共奋斗。
胸怀赤子报国心，民族脊梁当永存。
隐居荒岛制潜艇，默默效力黄旭华。
扎根大漠核试验，报国至诚林俊德。
仰望星空志高远，脚踏实地南仁东。
为有牺牲多壮志，敢教日月换新天。
振臂一呼民众应，东奔西走开先河。
正气浩荡存温暖，血肉之躯筑长城。
肃然起敬老一辈，炙热追求新壮志。
精致利己不可取，急功近利无大志。
得其大者兼其小，时代风尚当守成。
精神薪火常相传，创造崭新高业绩。
由大向强征途中，创业维艰需突破。
机遇挑战前未有，人才科技大比拼。
核心关键练技术，青年爱国正迫切。
锻造大国之重器，争取战略可主动。
镜花水月切勿有，实际行动不能缺。

知识在左实干右，群英荟萃必辉煌。

奋进儿女旺门庭，自强青年兴国家。

铺陈眼前为盛世，激荡胸中是国魂。

牢记榜样垂青史，风流人物看今朝。

征程万里风正劲，重任千钧再奋蹄。

乘风破浪新时代，直挂云帆中国梦。

# 第二篇章

## 致敬先锋——记录志愿故事

2020年新年伊始,有这样一群人,他们甘于奉献,奔赴疫情第一线,只为挽救更多的生命,而我们用文字表达对他们崇高的赞美之情。同时,我们也在用文字记录发生在自己身边的其他激动人心的故事。

# 就在你所在的地方生根开花

2017级　吴佳怡

转眼间，我已经在红梅社区度过了两年半的周六时光和两次暑期社会实践，从一名支教志愿者，安于本分地花掉每周两小时的支教时间，到慢慢成长，开始探索因材施教的教学方法，试图走进孩子的心扉，让这短暂的时光充分发挥作用。

两年半的支教匆匆而过，翻看日记，这个叫汪少龙的小男孩每周六雷打不动地出现在我的日记本里，无一例外。是他，让我明白了支教的意义；也是他，让我知道了教育的本质不是把篮子装满，而是把灯点亮。

## 起·相识匆匆

要不要留在社区担任队长，我是有些犹豫的。红梅社区作为五四爱心学校所建立的第一所分校已经走过了十几个年头，随着经济社会的不断发展，现在参与支教的孩子的人数已经远远不如当时。当然，顽皮程度却丝毫没有减少，时常让人难以招架。

面对社区里任劳任怨的关工委和对我寄予厚望的学姐，我咬牙接下了队长的职务。作为队长，理所应当担起责任，社区中最调皮的孩子也就顺理成章地由我来辅导了。

就这样，我和这个叫汪少龙的小男孩，阴差阳错地成了半路师生。

## 承·有心无力

"汪少龙，你给我好好写作业，不要再玩了！昨天教的还记不记得？"这是成为师生后我对他说的最多的一句话。"你和学校里的老师一样，只会一味给我灌东西，让我做我不喜欢的事！"这也是他经常反驳我的一句话。我喜欢乖孩子，可惜，他很调皮。

四五年级的男孩子，也正是浑身有劲无处使的年纪，想让他们安安静静坐下来写作业实在是太难了。不管我如何软磨硬泡，他始终都软硬不吃。我尝试着和他讲道理："你马上就要六年级了，压力也是时候该有一些了。"但他好似毫不在乎，只要我不催促，他就宁可拿着笔发呆，有的时候甚至在我扭过头辅导另一名孩子的时候趴在桌子上睡觉。

面对他的"不觉悟、不上进"，我是有些无奈的，也无数次想过放弃，"不就是一个两小时的支教嘛，何必相互为难！"在那段时间，每到周五，我的脑海中就无数次闪过应付了事的念头，然而每当看到他心不在焉的学习态度，我还是没能做到彻底放弃。

## 转·敞开心扉

通过近半个学期的接触，他给我的印象始终是没心没肺、无忧无虑的。我想他不爱学习，又这么好动，那参加活动总是没有问题的吧。可当我好话说尽，他还是不愿参加下星期六的读书分享会的时候，我是有些恼火的。在那个上午，我们争得面红耳赤。

下星期六的分享会他果然说到做到，连来都没有来。这让我有了一丝挫败感。

转眼又是一个礼拜，十二月的天气格外寒冷，八点的支教活动也只能让我们强打精神从被窝中爬起，我想他大概率也不会来了吧，这么冷

学不已集

安徽师范大学文学院学生
"青年大学习"优秀作品选编

的天。没成想，当我们抵达社区时，他早早地就来到社区门口在等待开门，躲躲闪闪的眼神一直跟随着我的身影。他像之前一样走到我的位子旁边坐下，仿佛两个星期前的面红耳赤都没有发生过。我起身去打水，却在转头的瞬间看到了他悄悄放在我桌上和抽屉里的早餐和零食。我回到位子上，故意问他"这是谁给我的呀？"他装作不在意地说："你不是说周六那么早起不来吗？怕你没吃早饭，没力气来给我上课！"

在那个上午，他第一次没有在下课的时候像离弦的箭一样冲出去，他坐在我旁边和我聊了许多许多……他说"他不愿意在家里待着，宁愿每天来被我唠叨，因为家里也没有人管他"；他说"他不喜欢被扔在开麻将馆的小姨家，不喜欢有人每天带着一身烟味坐在我身边，让我犯鼻炎"；他说"他不是故意惹我生气，不参与活动的，只是他真的不敢上台，不敢发言"……

这些都是我所不知道的，我却一直以自己的教学想法和理念来压制他，殊不知这样的填鸭式教育已经给他带来了伤害。

## 结·未来可期

他远不是我想象的那般没心没肺、无忧无虑。他很调皮却也很内向，让人生气又惹人心疼，在不太好的家庭环境下，他能健康、善良的成长已经是一种幸运了。

"老师，你做这个有意义吗？"在谈话的最后，他好奇地问我。"你觉得呢，你觉得有意义吗？"我不答反问。他挠了挠头："我觉得还是有点吧！"我笑了笑，起身，最后一次送他出门。

在他听我絮絮叨叨地嘱托后，郑重地说："老师，我都记住了，我会努力改变自己对学习的看法，好好学习！"一瞬间，我的心里早已有了答案。

教育不是把篮子填满，而是把灯点亮。我不该千篇一律地对这个年纪的孩子采用大同小异的教学方法，而是应该根据学生的特点和成长方式等进行调整；我不该按照我的想法对他加以过多的管教，他有他自己的想法，也有他自己不为人知的原因，真正的教育在于唤醒，不在于灌输。只有以诚相待，才能走进他的内心，寻找到最适合他的教育方法。

# 追　月

2017 级　沈　宇

窗外，阳光灿烂。天空没有一丝云彩，蓝得像刚染过的一匹新布，静静地挂在那里。客厅里静悄悄的，坐在沙发上的她也静悄悄的。

大半个上午，偶尔有风，阳台上的吊兰晃动了不下十次，楼下一共响起摩托车发动声五次，一位大妈叫唤自家孩子一次，噢，还传来一阵孩子的欢笑声。客厅里的她从沙发到阳台，从阳台到厨房，再从厨房到厕所，就这样精准计算地度过了大半个上午。

电视虽然一直开着，为了不影响儿子学习，已调到了静音。疫情肆虐的消息满天飞，这关住了人们闲逛的脚步，却关不住儿子想走的心。自从争吵后，儿子便只是偶尔出来喝几口水，望几眼电视，又静静地回房去了。

她望着手中的申请书，看了看日历，不由自主地又想起了当日离家而去的女儿。

"妈，我想去应聘国家西部计划的志愿服务医疗队，这是申请书。"

看着眼前一脸坚定的女儿，她气急了；"不行！你一个名牌大学的大学生去了那前不着村、后不着店的地方，浪费了大好的青春，你还有什么前途！"

"可是，我真想为大家做点什么。我去过那里的，他们真地很需要医生。妈，你一直是支持我的，况且当初爸……"

"够了，你出去吧！"她到现在都不明白为什么一直孝顺的儿女要反抗她，为什么要离开，难道当初的教训还不够大吗？从小到大，她签过孩子的成绩单，签过孩子的安全协议，签过家里的物业，凡是需要用到家长或户主的签名的，她一个人都全包了。唯独这份申请，她不愿签。

她在脑中拼命地回想过去与孩子们相处的场景。他们在一起相依为命十几年，她手把手地教他们写字、画画。小时候俏皮的女儿写字时，常常故意把最后一笔往上翘，非说是自己的风格，代表着她要追上月亮的心。虽然彼此也闹过，可从来没有这么长时间没说过话。何况今天是个特殊的日子，往年他们都会在一起的。

坐在沙发上的她手不停地划着手机，虽然离疫区有十万八千里远，但她还是被噌噌往上涨的确诊和疑似的数据吓到了。封城了，人们都待在家里了，可她的女儿……她丢下手机，站起身，又踱到阳台。终于又举起了手机……

一次，两次，三次……冰冷的回复声在循环中再现。

"妈妈，快来看，是我姐！我看见姐姐的名字了！姐姐也去了！"儿子在客厅里喊着，连声调都变了。

她一个箭步回到了客厅，两眼直勾勾地望着电视屏幕，那是一张 A 城某医学院大学生摁满红手印的志愿请战书，其中那娟秀又挺拔的签名，像极了女儿那倔强朝前的性子。尤其是最后往上翘的那一笔像一支箭，直刺她的心口。

突然，一阵铃声打乱了她的思绪……

"阿姨，不好意思！我一直在院里忙，没听到电话。您是找翘翘的吧？"

"嗯……她……"

"阿姨，您不用担心。翘翘也和我一起在院里，不过她现在可能还不能接电话。"

"怎，怎么啦？翘翘她……"

"阿姨，您别急。不是你想的那样，翘翘只是太累了，刚睡着。您知

学不已集

安徽师范大学文学院学生「青年大学习」优秀作品选编

道吗？翘翘可厉害了，今天给一位患病的孕妇接生，赶上难产了……翘翘他们穿着防护服折腾了将近六个小时，才接生。幸好母女平安。"

"六个小时？她吃饭了吗？我听说穿着隔离服不能吃饭喝水，也不能上厕所，要穿尿不湿，是这样吗？一口气干这么久，他们受得了吗？"

"哎，是的。脱下防护服都成水人了，但特殊时期嘛。不过，翘翘从不喊累的。我们年轻嘛，事情总是要有人干的，多干点也是应该的。"

"哎，好！那你也休息会吧！"她呆滞地坐在沙发上，良久也不说话，只是嘴角微微上扬了些，想起了十七年前一起喊着要追上月亮的一家四口。"星星是我们，月亮是梦想。我们要一起追月。"只是一颗星已经在十七年前的那场世界灾难中暗淡了……

入神时，不想灯却突然灭了。一束微弱的烛火缓缓地从房间里走出来，慢慢地靠近。"Happy birthday to you！ Happy birthday to you..."

温热的液体划过黑暗的不安，温暖着她。

"妈，五十岁，生日快乐！"儿子举着歪歪扭扭的蛋糕，眼里闪耀着亮亮的光和她的脸庞。她看着这个白天还嚷着要出去站岗，发口罩的儿子，哭了，又笑了。

在微弱的烛光下，她和儿子慢慢细数着四十九岁的最后时光。临睡之际，儿子三步两回头，还是说了："妈，我想追月！"

二十三点五十九分，她的手机亮了，"妈，生日快乐！我还是想去追上月亮，这也是我的生日愿望。晚安！"

第二天，天还是一如既往地蓝。暖暖的阳光散在西部志愿的申请书上，她的签名也似闪闪发光。村口全副武装的她和他正忙着排查进出人口，发放口罩呢……

# 疫情杂记

2017级　张　鑫

　　懒于社交的我最早是从室友那得到关于疫情的消息的。活跃的室友 A 在寝室群里转发了一条微博，叮嘱我们多加小心，于是我打开半个月没用过的微博，大概地看了看，那时候网上舆论风向还比较淡定，我犹豫一下，最终没有采取买口罩之类的措施。

　　直到新年将近，消息才得到证实，我赶紧跑去家附近的医药店买口罩，结果已经是全部售空，无奈之下，退而求其次的我去超市买了几包一次性口罩。回家后我开始劝家里的父亲和奶奶戴口罩出门，结果显而易见：不习惯于戴口罩、消息接收面又窄的长辈们压根不当回事。那几天我和朋友交流最多的就是对长辈不听劝的焦虑和无奈，网络舆论也在不断沸腾，春节意味着人流量的高峰，在疫情时期就意味着危险的逼近。

　　到除夕夜，我家乡的惯例是老人的儿子带妻儿回老人家吃年夜饭，吃完年夜饭，再让女儿和丈夫孩子一起去娘家。所以年夜饭就我和父亲、奶奶三人，吃完饭不多会，两个姑姑带着各自的丈夫孩子也来坐了一会。他们也聊到了疫情，但也仅仅是"聊了"。等他们离开后，我再次努力劝阻父亲取消拜年活动，在我据理力争之下，父亲开始动摇。就在此时，一位堂姑发消息来，说最近疫情严重，家里老人病体虚弱，出于安全起见，他们家今年不进行拜年。我无比感谢这位堂姑的理智举措，成功攻破父亲最后一道心理防线，父亲终于同意了取消我家今年的拜年活动。

　　就在我仍在为阻拦了拜年活动而欣喜时，父亲接到了紧急通知，说

学不已集

安徽师范大学文学院学生
「青年大学习」优秀作品选编

从大年初一开始需要每天出去执勤。我竟忘了父亲的工作是民警。我满怀忧虑地对父亲絮絮叨叨，要他注意安全，父亲倒是很淡定，说非典他都平安过来了，这次也行。虽然我知道这是个歪理，但还是得到了一点安慰。公安局里发了医用口罩，也让我放心了些，毕竟用家里的普通口罩还是有点冒险。

初一时父亲便去上班了。我同样叮嘱奶奶少出门，为此，一向最讨厌外出的我开始替奶奶跑腿买东西，奶奶嫌家里无聊，我就把电脑搬出来给她放黄梅戏。我突然意识到原来我能为她做的有很多，只是曾经的矛盾让我习惯去无视她，用拒绝交流的方式避开争吵。这让我有点难过。

初二是我家乡开始拜年的日子，原本父亲已经和亲戚说好今年不拜年，结果二姑父和他的儿子，也就是我的表哥，还是来拜年了。我当时真的生气，甚至完全不会掩饰地摆出了冷脸，用硬邦邦的语气说，现在有疫情，你们能别乱跑吗。他俩尴尬地坐了一会，便告辞了。我再次叮嘱奶奶不要让人进来拜年，但我知道没什么用，奶奶不明白，她更看重人情。

结果当天晚上奶奶就开始咳嗽，嗓音沙哑。我整个人都紧张起来，家里没有感冒药，跑去药房发现店铺早已关门了，现在是大年初二。父亲没想别的，只觉得是感冒，说我大惊小怪。我不想争吵，让奶奶卧床休息，给她多喝热水，期盼着真的只是感冒。

第二天奶奶躺了一整天，但没有发烧之类的状况，只是咳痰，我稍稍安心，估摸着是着凉引起咽喉炎，老人家身体虚，一点小毛病就浑身不舒服。第三天时奶奶能下床了，症状也缓解不少。

幸好几天后政府就要求开始围封小区，限制出入。我便安心地开始了"闭关"生活，偶尔拿着小区出入证去超市买东西。事实证明我果然是个"宅女"，连续两个月不出门没有任何不适。随着疫情的稳定，到三月时，爸爸说小区管理稍微放松了些，店铺也陆续开张了。我立刻想起来我一直馋着的面包，决定出门去看看面包房有没有开门。

"3月10日周二出去买了面包。回来的路上，有风吹落了几片叶子，抬头一看，望春花开了。"

# 莫道桑榆晚，青春暖夕阳

2018级　柴珺瑶

寒假期间，我跟着社区的志愿团队去往小区里一些孤寡老人的家中，给他们送去新春的慰问。我喜欢与老人交流，仿佛能从他们并不流畅清楚的话语中探寻到我不曾了解过的时代岁月和人生经历。这次听说社区招募志愿者准备在新春佳节之际慰问社区的孤寡老人，我毫不犹豫地报名了。刚看到我们时，老人们探着头试图搞清楚我们的来历。在得知我们是来陪他们聊天后，他们满是皱纹的脸庞慢慢地舒展开了，老人们热情地向我们打招呼，接过了我们精心准备的水果。老人们亲切的笑容、眼中的慈爱都在表达着他们对志愿者的欢迎。我们给他们捏肩捶背，打扫卫生，陪他们聊天，他们一个个开心得像个孩子。

一位有着94岁高龄的杨爷爷给我留下了深刻的印象，他是一位老红军，年轻时在黄埔军校读过书，尽管已是耄耋之年，却仍是书不离手。"Little dream." 他兴奋地指着一位男生衣服上的英文 "每个人都有'Little dream'，你们要多读书，去实现整个国家的梦"。我不敢相信，目不转睛地盯着他，惊异于他的英文，又钦佩他的眼界与胸怀，同时又有些惭愧。在交谈中我了解到，杨爷爷作为一名从硝烟弥漫的抗日战争、解放战争中走出来的革命军人，在艰难的漫漫人生征途中，经历过太多血与火的洗礼。但在生活困苦的折磨与消耗里，他依然将他的脊梁挺直，不曾屈服。

杨爷爷和我们说起了他打鬼子的故事，每每说到动情处，都会将他右手的袖子卷起来，"炫耀"似的让我们看看他手臂上的疤痕。最后还会感慨几句他那个吃不饱、穿不暖的年代，野菜都算得上是美味，不像我们现在想吃什么就吃什么，想买什么就买什么。杨爷爷说："在党的领导下，我们的生活越来越好了。以前农闲时村里会放电影，大家都带着小板凳，坐得整整齐齐的。如果再有卖糖葫芦的路过，那总会有一群小孩跟在后面。渐渐的，这种场面就少了，家家都置办上了电视。"我不自觉地想到自己小时候，不知是哪天，父亲带回来一个会说话的小方盒子，小方盒子里有很多和我一样的小人在动，做着有趣的动作，说着有趣的话语。那时才知道，故事是可以那么有声有色，慢慢地，小方盒子变成了大方盒子，大方盒子变成了薄薄的纸片，以至于现在家里已经用一个投影仪看电视电影，而不再需要屏幕了。

听着杨爷爷说着他那时的趣事，我不禁感受到他那个年代的艰苦岁月，但我只能听他诉说，没法看到，这确实有些可惜。听着杨爷爷的感叹，我觉得我是幸福的，而且我的幸福时刻都是能记录留存下来的，因为小时候父亲总会带着我们全家去照相馆拍照，那时的我会翻箱倒柜，一遍遍试着衣服又立马脱掉，然后扒出一件自认为最好看的衣服套在身上美滋滋地跟着大人们出去拍照。长大后，相机更新换代速度很快，快到让我已经忘记了照相馆里相机的模样，现在的我只需一个小小的手机就能随时记录生活的点点滴滴。

离开杨爷爷的家，我不禁想到，随着一代又一代人的消逝，我们的生活也发生了巨大的改变，人们谈论的不再是有没有衣服穿，而是什么样的衣服更好看更流行，家人做的鞋和棉袄成了快失传的工艺品；商店里的蔬菜水果、零食百货应有尽有；人们对于食物的要求，不再是为了填饱肚子，而是追求美味、追求健康；曾经的茅草屋、小瓦房渐渐没了，取而代之的是楼房、商品房；泥泞的小路变成了宽阔的柏油马路，乡村公路四通八达，小轿车似乎也逐渐成为每个家庭的必需品。

细数着这些时光，我感谢时代的进步，让我有如此好的生活条件、时代机遇。回到家中，我翻出家里的老照片，无论是欢笑是泪水，无论是人是事，照片上记录着的都是我的幸福生活。我可以随时去怀念，看着照片里亲人的笑容，好像又回到了小时候，原来我是如此的幸福。一代人有一代人的际遇和机缘，每一代人的青春都是大有可为的。我们在关爱老人的同时，也要向他们学习，珍惜所拥有的一切，初心不改，行动不息。

# 翰墨飘香迎新春，尊老敬老送温暖

2018级　高允慧

"爆竹声中一岁除，春风送暖入屠苏。"春节——我国传统农历的新年，是所有中国人阖家团圆、欢聚一堂的节日，是一年里最隆重、最热闹的节日。作为学生，我们有一个长长的寒假可以与家人一起欢度佳节。但，有那么一群老人，可能因为种种原因大多数时间无法和家人在一起，而是住在敬老院里。借着这个寒假，我作为一名志愿者，在新年来临之际前往敬老院，为那里的老人送去新春的问候。

在成功报名志愿者后，我就一直紧张地做着准备，尤其是练习书法和准备春联。这次"敬老"活动，我们准备以"翰墨飘香迎新春，尊老敬老送温暖"为主题，区别于以往仅仅用物质礼品问候老人。春联既喜气又祥和，是我们中华民族重要的精神文化财富。"春节贴春联"也是一个重要的传统习俗。现在的春节，更多的人选择直接购买市场上印刷好的春联和"福"字，手写春联已几乎消失匿迹，只剩下一些老一辈的人还坚持着手写春联。我想，把自己亲手写的、充满祝福的春联送给老人，贴在敬老院里，老人更能感受到新年的温度。

我们的志愿者队伍里还有三位拥有深厚文学功底的"老前辈"，他们无一不是从小就学习毛笔字，并且一直坚持锻炼书法技艺，即使现在生活中很少用毛笔，也不曾落下练习。此外，因为他们还拥有在街道工作过的经验，所以即使退休了也很热衷于公益，听说要写春联送给老人，他们都积极地参与这次活动。

作为一名文学院的学生，我学习过书法并且在平时也会坚持练习书法。虽然不能和前辈们几十年的成就相比，但是作为一名青年大学生，一名文学院的学生，我也希望把自己真挚的祝福用笔墨传递出来，并且能在和前辈们一起写的过程中学习。

一天上午，我们到了敬老院，第一步就是先去会议室，并在那里现场完成春联。笔、墨、纸、砚一点点拿出。首先是三位老前辈，他们铺开红纸，提笔挥毫，不用多长时间构思就洋洋洒洒完成一副春联。"年丰人增寿，春早福满门。""风调雨顺颂华年，内外平安好运来。""一帆风顺吉星到，福照家门万事兴。""爆竹传新语，腊梅报新春。""诸事皆成幸福常，春风如意前景美。""春风送福千家暖，时雨润花万树香。"……地上、桌上逐渐覆满了红彤彤的春联。我也站在一边，拿起单字的方红纸，提笔稳稳地写下一个个"福"字，写了几张后，也开始写难度较大的春联。不知道过了多久，我们写好的春联和"福"字已经将整个会议室都铺满了，瞧着数量够了，我们才停笔。收拾收拾笔、墨、纸、砚，又等待了一会儿直到春联上的墨迹都干透，此时已经快到中午吃饭的时候，于是敬老院的负责人提议一起去食堂，在那里给老人们送祝福。

我和团队里的一部分人带着写好的春联和"福"字先去食堂里将它们整理一下，团队里身强力壮的男同志就在食堂门口，将运送来的一卡车爱心物资搬运进食堂。一箱箱饼干、面包、点心、牛奶逐渐在食堂里堆成一座小山。在这一过程中，老人们一起过来了，在食堂里坐下。我们连忙将春联和"福"字先分发出去，老人们看到红彤彤的祝福都欢欢喜喜，笑得眼睛眯成一条缝，脸上的皱纹都深了几分。然后我们又把搬运到食堂里的礼品逐个分发下去。食堂里一片喜气洋洋、红红火火的场景。

跟老人告别后，我们离开食堂。来之后我们就一直待在会议室和食堂里，来去也是急匆匆的，直到现在才有时间看看敬老院的样子。负责人介绍说敬老院前年才重新修整了一遍。果真环境不错：食堂很宽敞，

学不已集

——安徽师范大学文学院学生"青年大学习"优秀作品选编

还有空调；宿舍也很宽敞整洁，令我印象最深的是每栋宿舍楼前都有一个宽敞的"阳光走廊"——由玻璃建成了一条明亮的走廊，既能更好地采光，晴天老人们又可以在这里晒太阳，雨天还能遮风挡雨；里面还有小卖部和活动室，东西价格低廉，老人们也有娱乐休闲的地方；敬老院面积很大，老人们能在里面散散步还能锻炼身体，多的空地也被利用起来，种上了白菜、茼蒿、腊菜等应季蔬菜，老人们既可以通过种植蔬菜打发时间，又能吃上健康无污染的绿色蔬菜；虽然因地方大，建筑物与建筑物之间隔得不近，但各个建筑物之间都修上了一条条古色古香有徽派特色的走廊遮阳避雨，这样下雨天在敬老院里，比如说从宿舍去食堂吃饭也不用打伞。这样的环境比我来之前想象的好多了，老人们在这里能生活得很自在愉快。

现如今，一方面，我国正处在"全面振兴"时期，从微小之处我们能看到国家的大局，在我的家乡天长这样一个县级市，敬老院的条件变得这么好，老人们在这里能够得到这么妥帖地照顾。另一方面，我国的"老龄化"正日趋严重，老人在我们的社会中占越来越大的比重。从社会的角度来说，数量庞大的老人应该得到妥善照顾；从个人的角度来说，每个人自己、亲友都有老的时候，老人应该得到尊重与照料。这次在敬老院里，我看到老人们在衣、食、住、行上都得到照顾，这对于"老龄化"的社会是一个良好的榜样。

这次的"敬老"活动，我有幸发挥了专业特长，与其他志愿者一起为老人送去礼品和充满祝福的"手写春联"，更是开阔了眼界，增长了见识。作为青年大学生，我们不仅要在学校里完成学业，更要深入社会，了解我国国情、地方状况。这次新春敬老，我看到了我们国家"脱贫攻坚"喜人的效果，也看到了当前针对"老龄化加快"我们应该采取的措施。青年兴则国家兴！以后的我们就是建设祖国的主力军。

# 风雪不阻温暖情

2018级　郭兴怡

　　这个冬天如期到来了，凛冽寒风夹杂着不尽的碎雪，督促着人们戴上围脖换上新袄，也催促着在他乡的人们回家的脚步。寒冷是这个时期独特的体验，而火热的红色在一片冰冷的世界中格外亮眼，这个世间似乎一下子被雪花冰冻的同时又被充满生气的火红给点燃了。一抹抹的亮眼红色是因为有一颗颗闪闪发光的小火星的存在。而今年的我有幸成为当中的一颗微小的火星。

　　清晨，趁着雾气，我急匆匆地赶向六安火车站，去参加由共青团六安市委主办的"2020暖冬行动"。在火车站综合服务办公室里，我看到了很多同龄人，朝气蓬勃的脸上亦存着对社会的关切。我郑重地从领班人员手中接过小红马甲，这并不是我第一次穿上这个红马甲，可当我再一次穿上它的时候内心仍止不住激动，它意味着一种责任，是人民对我们的期望。我将了将马甲边上的褶子，坚定地走向"暖冬行动"的服务台。我站在服务台的旁边，负责给急切回家的旅客指路、提供热水及休息区等服务。在人来人往的火车站外、进站口、检票处、电梯口等随处可见的一抹红色给这个严冬增添一丝丝暖意。在旅途奔波疲惫的时候，一杯热水便可抵去大半的疲劳。每当给旅客送上一杯热气腾腾的白开水，换回的总是一句真诚的谢谢和一张真挚的笑脸，这种细碎的温情总令我感动，你我素不相识，一杯热水的感动将彼此联系起来。太阳渐渐升起来

学不已集

安徽师范大学文学院学生
"青年大学习"优秀作品选编

了，时间还充足的旅客就三三两两地围在服务台旁聊着家常，有的人包里塞着给一年不见的儿子的变形金刚，有的人身上穿着老母亲织的毛衣，不过相同的是他们眼里都充满着对于回家的喜悦。而我们要做的就是让这份喜悦留得更久一点。

这时我才真正感受到了服务的快乐，帮助的快乐。赠人玫瑰，手留余香，我想快乐是会传递的，看着他们的笑容，我的内心也十分的快乐。

傍晚，我随着市委的人一起，去青少年宫给贫困儿童整理爱心暖冬礼包，要把装有爱心礼物的盒子用粘胶一个个粘好，然后把棉服、围巾、书本、玩具等东西一个个放好，不能有一个错的。打包的途中因为不小心还让纸箱的边划破了手指，但是这一点点的小伤比起孩子们的笑脸又算得了什么呢！打包好这些东西天色都已经黑了，看着堆满了一屋子的爱心礼包，我心里还是很满足的，我的志愿服务的一天也随着这个爱心礼包而结束了。温暖冬衣，温暖一冬，这个爱心礼包希望陪这些孩子度过一个非常温暖的冬天。

在我年纪很小的时候，我特别不理解为什么有人会资助贫困儿童，为什么会有人在边远的乡村一教就是十几年。但几次"暖冬行动"的"磨剑"，让我体会到了什么是温情，什么是社会责任，这些都给我人生观、价值观留下了深刻的印象。作为一个志愿者，在助人的同时，也是"自助"。在使其他生命活出色彩的同时，志愿者也可以从中得到思想上的升华，学会与人沟通，学会关爱他人，也更深刻地领会到生命的意义，有利于全社会树立奉献、友爱、互助、进步的时代新风范。这也是当代大学生的行动指南。而且，志愿者的活动，也为我提供了一个接触社会的机会，提供了一个锻炼自己的机会。和有着共同目标的同龄人一起做着服务社会的事是非常有乐趣的，在中午休息时，和他们一起谈天说地，聊着自己了解或不了解的事情，不仅增进了自己的知识，还交到了一群志同道合的朋友。作为大学生，我们不能养尊处优，而应该履行义务，肩负起时代赋予的责任。即使我们的能力仍有限，但那颗关爱之心不会磨灭，我们将尽全力伸出双手去给这个世界一点点的温暖。

快乐会传递，爱心也会传递。今天，我结束了这次的志愿服务，但我想志愿服务永远也不会结束，志愿者一直在路上。热爱着志愿服务，有一颗博爱的心。我以后也要多参加志愿服务，为这个世界贡献出一点属于自己的温暖。

安徽师范大学文学院学生
「青年大学习」优秀作品选编

# 点点星光

2018级　吴海圆

2020年的春节，注定是不平凡的春节。这个春节，是忙碌的，是焦虑的，但更是温暖的，坚毅的，是由点点星光的故事汇集成的。

三月春风吹过树梢，沙沙地响，慢慢诉说点点星光的故事。

抗疫战打响以来，前线的消息牵动着我们的心弦，也同样润湿着我们的眼睛。"你为什么而感动？又为什么而彻夜难眠？"元宵抗疫晚会上主持人饱含热泪问道。是啊，为了什么？为的是这点点星光，为的是这一瞬间，九万里山河多出的无数个身影，多出的无数个故事。他们中间，有在前辈眼中还是孩子的"叛逆""90后""00后"，有刚刚领证本应度蜜月的新人，有丈夫答应等她回家就包一年家务的妻子和母亲。而在此刻，他们同为一个名字，他们叫"逆行者"。他们是随时会被感染也要与死神抢时间的人；他们是三天两夜不眠不休也要把物资送到前线的人；他们是困了累了就睡在工地上的人；他们是寒冬风雨也与我们生死与共的人。他们是这场战役的担当，是我们坚定的希望。不计生死，不求回报，坚守岗位，不知姓名，全力付出。他们是坚毅的点点星光，是团结的点点星光，构成了中华民族最强的战斗力、免疫力。

"孩子，你说错了，你应该用'去'。孩子，记得要平安回家。"这样的故事，在短短的两个月里上演了无数次。疫情前期的我，不断刷新着疫情新闻，焦灼难耐。当时也想过，如果我是个医生多好，如果我也能为前线做些什么多好。我真的什么都做不了吗？我不断地问自己，陷入迷茫。直到我看到社区里活跃的抗疫大学生志愿者、书写骈文的大学生创作者等。学科老师也在网课上多次深情感叹："我们同学，一定要好好学习。这场战疫，无时无刻在告诉我们：'我们的国家，我们的民族需要有才能的人。你们一定要好好读书。'"疫情期间产生的自我否定在这一瞬得到了解答。是的，殷忧启圣，多难兴邦。"风声雨声读书声，声声入耳；家事国事天下事，事事关心。"我是一名师范专业的学生，也许我无法作为医生奔赴前线，但是我能做的应该就是努力提高自身，用我所学的知识去浇灌祖国的花朵，直到他们长为能顶一方的大树。这场战役，往后的大大小小的战役，从来都不是一个人一群人的斗争。它们，是我们祖国十四亿人民共同的战争。"00后"的我们，正用着我们的青春力量传递着最温暖的信号。我们，陪着你们；我们，在你们身后；我们，等你们回家。

"白衣天使，在天空撒下金黄的玉米，照亮我们回家的路。撒下的玉米，成了星星。"这是一位四年级的小朋友写的名为《星星》的诗。点点星光，为我们照亮出一条疫情中的安心回家路。莫道闲云终蔽日，严冬过尽绽花蕾。点点星光的力量，终将照亮我们整个中华民族。我们，一定能打赢这场疫情防控阻击战。

当春暖花开之际，我们回到校园。到那时，相信我们会更明白，自己要做什么，寻找什么。我们也会，不断成长，继续书写着点点星光的故事……

# 送 人

2018级　胡昱欣

"林生！你要是还敢开车上街送人，我就……我就和你离婚！"陈苗苗看着丈夫拿起桌子上的车钥匙，转身就准备往外走，便不顾一切地吼了出来。林生身影颤了颤，有些不可置信，回过头一脸惊奇地看着自己的妻子。陈苗苗也有些愣住了，看着林生惨白的脸色，自知说错了话，但一时又不知如何补救，直直地看着林生竟哭了出来。

"林生，我求你，这些年嫁给你，我也没跟你求过什么。咱们宝宝快出生了，我胆小，我不想我们一家三口有什么风险。我也不要求你想着我，你就当作孩子的爸爸，对孩子负责好吗？"陈苗苗摸了摸肚子，还有两个月就要临盆，这段时间心绪起伏就像坐着过山车，看着林生早晨偷偷起床，晚上又偷偷出去，想着他开着车一趟又一趟在街上和医院两头跑，她的心也在忍受着因为未知的危险带来的无尽的煎熬。

这些天城里的疫情越发严重，半个月之前，政府已经将整个城区封锁起来，告知民众能不出门就不出门。交通系统也已经瘫痪，以往络绎不绝的街道现在只剩下稀稀疏疏的树木和凛冽的寒风。偶尔不知从哪里窜出来的几只流浪猫流浪狗也瘦得皮包骨头——没有任何生机的城，颓败没落看不到一点点希望。对于生的渴望让人群在医院叫嚣，病人的恐惧和愤恨、医生的无奈和泪水都让整座城的气压濒临最低点。所有人都在等待，城里的人在等，城外的人也在等……

林生是城里的小干部，才考上公务员没多久。这个冬天过去，明年春天就可以工作了。无奈这次疫情让一切都乱了套，工作时间一再被推迟，他从内部打听到，即将要去的单位乱成一锅粥，上面派发下来的指令只能战战兢兢地照着做，根本想不出其他任何办法。林生听了只能干着急，他还未工作，更是什么都做不了。安心在家照顾怀孕的妻子吧，林生只能这样想着。

直到一个星期之前，林生开车去超市买菜，路过医院，看到不少人因为公交车停运而不得不骑共享单车和电瓶车去医院，其中不乏年轻的护士和医生。林生在医院门前停了好久，看着他们全副武装却还是顶不过这腊月的寒风，口罩下通红的面庞，眼镜上呼出的白雾。林生思考良久，终于开着车去了社区。社区正在召集家中有私家车愿意无偿接送医生的人。林生二话不说，默默填了表，开始了点对点的接送任务。他不敢告诉任何人，更不敢告诉妻子，但是，事到如今还是被知晓了。

"苗苗，是我不好，我向你道歉。"林生无奈地说。陈苗苗抬起头看了看林生，因为火急火燎准备出门，到门口却被她一把拦下，林生口罩才戴了一半，松松垮垮地挂在耳朵上。头发也没来得及梳，估计就用手扒拉了两下，一小撮仍旧翘得老高。陈苗苗抬手去摸了摸林生头上竖起的头发，"我知道你心地好，可是我们有国家啊，咱们小老百姓，为了自己就好。所以答应我，别再做那样危险的事了，好吗？万一你被感染了，我怎么办？"

林生正准备开口安慰妻子，突然一个电话打来。

"你好，请问你是林生先生吗？您在我们这里登记了自愿接送医生的报名表是吗？"那边传来一位女人的声音。

林生看了一眼妻子，转身走进了阳台外面。"是的，请问有什么事情吗？"

"是这样的，情况紧急，很抱歉打扰您。我是一名医生，因为您家离我所工作的医院最近，医院送来了一位正在被隔离的产妇，即将临盆，目前很危险，医院人手不够了，我得去帮忙。但是这边没有车，请问您

学不已集

安徽师范大学文学院学生

「青年大学习」优秀作品选编

能来接一下我吗？非常感谢！"

"当然可以。请发给我具体位置，我马上就到。"

林生挂掉电话，一转身看见站在他身后的陈苗苗。

"苗苗……"

"我都听见了，不用解释什么了。"陈苗苗有些哽咽，"病人也是一位孕妇吗？"林生点点头。

"也要做妈妈了。"陈苗苗低着头自顾自地说。"那就去吧。我也是一名妈妈，我也是一名妈妈啊。林生，你快点去吧……"说到这里，陈苗苗再也忍不住，泪水蓄满了她的眼眶，泪水落下，砸在了林生的心上，也砸在了陈苗苗自己的心上。林生抱了抱陈苗苗，拿起车钥匙，头也不回地走了。

陈苗苗跌坐在沙发上，手再一次抚上了肚子。"宝宝，爸爸去迎接一个跟你差不多大的小宝贝出生了。还有两个月，你也就要出来了，希望那个时候，无病无灾，爸爸妈妈都在盼着你。"

陈苗苗听着门外汽车发动远去的声音，在心里默默祈祷：希望所有的在疫情出生的小生命都能够平平安安啊……

# 燃萤萤之光，亦可照旷野

2018级　徐周玲

　　鲁迅先生曾说：愿中国青年都摆脱冷气，只是向上走，不必听自暴自弃者流的话。能做事的做事，能发声的发声。有一分热，发一分光。自疫情防控工作开展以来，广大青年志愿者像一道道光，冲锋在前，践行使命。中国青年用实际行动诠释了家国情怀，展示了青年风采。

　　青春不只是眼前的潇洒，也有家国与边关。自中央下达组派医疗队驰援的通知后，短短几日，便有上千人主动请缨，前往主战场。给我留下深刻印象的医护人员有很多，22岁的广东医疗队护士朱海秀是其中一位。因不想让家人担心，朱海秀瞒着父母去支援。面对记者采访，她曾说："不敢哭，哭花了护目镜没法做事。"这句话让人心疼这个小姑娘，但"穿上防护服，我就不是个孩子了"。中国青年稳稳地接住了时代递出的接力棒，用行动证明了自己的责任担当。

　　面对疫情的挑战，青年人选择不做时代的看客。他们保持初生牛犊不怕虎、越是艰险越向前的刚健勇毅，积极又有生气。即使面对高强度的疫情防控工作，青年医护人员也不抱怨、不懈怠，反而秉持积极乐观的态度坚守在抗疫第一线——1992年出生的吴思容是中南大学湘雅医院第三批医疗队队员，也是病房中的"抗疫漫画师"。她利用休息时间，在队友们的防护服背后画上代表各自性格的漫画，给大家加油打气。在采访中，吴思容表示她在日常生活中也是活泼开朗的性子，因为想缓解队友工作的疲倦，所以用漫画给他们加油鼓劲，增加一点乐趣。这种苦中

学不已集

安徽师范大学文学院学生
"青年大学习"优秀作品选编

作乐的乐观态度，让他们更能发现生活中的美，更有"野火烧不尽，春风吹又生"的韧劲。

"一支穿云箭，千军万马来相见。"如果说青年医护人员是方向塔，为防控工作指引方向，那么来自各行各业的青年便是照明灯，正是他们的萤萤之光，照亮了前进的道路。据新闻报道，全国5.2万余支青年突击队、111.8万余名团员青年迅速集结，在疫情防控的各个领域都能看见他们忙碌的身影。而中建三局仅用10天时间便完成了火神山医院建设工作，在这样令人震惊的中国速度的背后，隐藏着成千上万颗滚烫的中国心。6支共322名工作者组成的青年突击队利用大数据，采用24小时轮班制的建设模式，不舍昼夜地画工图、赶进度。在火神山医院的建设过程中，网友也开始"云监工"，以自己独特的方式为建筑工人加油。

中国大学生也在抗"疫"一线发光发热。他们或以志愿者的身份站在基层疫情防控一线，或通过网络开展疫情期间的心理调节活动，或捐款捐物提供帮助，或响应号召自觉隔离，不信谣不传谣……安徽师范大学生命科学学院2017级博士研究生疏义林受省疾病预防控制中心邀请，"逆行"驰援，参与该中心的疫情监测和信息学分析工作。疏义林利用自己的专业知识，为疫情防控工作添砖加瓦。另一边，在得知患者治愈后其血液可能对医治有益，武汉"00后"大学生刘智威在治愈康复后，捐献了400毫升血浆。他称自己的康复离不开社会的帮助，自己的血浆也许能救三四个人。刘智威怀抱着一颗感恩之心，回馈社会，为战胜这场灾难贡献了自己的力量。

"江山代有才人出，各领风骚数百年。"时间的齿轮不断推进，但每一阶段都有杰出的青年才俊。他们风华正茂，挥斥方遒，成为时代的建设者、参与者和推动者。青年最富有朝气、最富有梦想，我们有理由相信青年一代必将大有作为。

萤萤之光，汇聚成团，可照旷野。在疫情这场大考面前，中国青年也交出了一份令人满意的答卷。我们坚信，没有一个冬天不可逾越，没有一个春天不会来临，我们一定能打赢这场疫情防控战。

# 爱在社区，情暖万家

2018级　王　亿

　　猪去鼠来辞旧岁，万象更新迎新春。2020年1月19日，"爱在社区情暖万家"迎新年公益大舞台系列活动，在淮南市罗马广场小区鸣锣开场。我和本校教科院王汇同学有幸成为一名志愿者，负责淮南市社区志愿者招募和宣传工作。

　　19日一大早，我和王汇便来到了指定的展台。淮南的早晨雾气氤氲，像还没睁开眼的孩子。招募志愿者的倡议书和表格已准备完毕，天气实在太冷了，我们不时地哈哈手、跺跺脚，身体是寒冷的，心啊，却是火热的。本次系列活动丰富多彩，市文艺交流协会及市青年书法协会的书法家们给居民现场免费书写春联，一张张福字写不尽居民们的笑颜，这又何尝不是爱国主义精神在最生动地传递呢？田家庵区的图书馆带来了上千册的新书，现场免费给居民们办理图书借阅证，让居民们过一个精神文明富有的好年。田家庵区作家协会作家现场与文学爱好者互动交流，指导孩子们如何提升写作兴趣并现场签名赠书，在与作协主席的交流中，我了解到他本人正是安徽师范大学中文系1998届的校友，一声学妹喊得我愧不敢当，如此奇妙的相遇，不正是文学院"聚是一团火，散为满天星"精神的真实写照。市蓝天救援队现场演示相关急救知识，提高居民防灾减灾意识，让科学救援走到我们身边，过一个幸福安全的祥和年。市供电公司党员服务队为居民义务检修电路，开展安全用电宣传及相关

学不已集

安徽师范大学文学院学生
"青年大学习"优秀作品选编

业务。中山医院的医生现场为居民免费义诊，并就春节期间健康科学饮食、日常保健提供咨询……

再将目光聚集回我们的展台。开始我们的心情是忐忑的，因为随着时间的慢慢推移，其他展台陆陆续续地围了不少居民，而我们这边还空空如也。我们下定决心，发起微笑攻势。终于有一位老奶奶过来问："小姑娘，你们这是干什么啊？"我赶忙递上传单，为她耐心讲解。还有小孩子好奇地询问志愿者的含义。一位青年志愿医生问我们"志愿的意义何在"，我答"奉献"，他开玩笑地回答"我现在只想暴富"，自己又转头忙碌于义诊中。我笑了，这不正是我们青年一代的常态嘛。我们表面上似乎打着"事不关己高高挂起"的招牌，实则时刻准备着，为祖国奉献自己的青春力量。在那一刻，在那一张张单子上，我真的感受到力透纸背的力量，感悟到一横一撇一捺背后的选择，看到好奇的孩童心中正有一颗志愿的种子在萌发。我看见上有老下有小的中年人依然坚定地承担起了自己的社会担当；头发花白的老人仍然想要奉献自己的生命余光；而像我一样的文学院学生，安徽师大人，正矢志不渝地走在志愿的路上。

"你所站立的地方，就是你的祖国；你怎么样，祖国便怎么样；你是什么，祖国便是什么；你有光明，祖国便不会黑暗。"家是最小国，国是千万家。我愿以千千万万青年人的力量共筑志愿之城，让社区也充满爱，让情暖至千万家。

# 珍惜青春，致敬生命

2018级　宋莹莹

　　窗子许久没打开了，地板上积满了灰。电脑屏一直亮到深夜，手机在被窝里闪闪烁烁。触摸着，点击着，一条条讯息像深海鱼群一样游进房间，被微光点亮的世界，安静得像海，在寂静温柔的时间里弥漫开来……原来我有许多不知道的青春。

　　喧嚣的病房，充满挣扎着的沉重的呼吸，她们神经紧绷着。消毒药水已经将她们细嫩的手指摧残得让人心疼，年轻的姑娘额头边划过一道汗水，流过被口罩绳勒出的印痕。穿着白色与蓝色的防护服，在密不透风的病房里她们成为唯一通透的存在。她们中1.2万人是"90后"，还有很多"95后"，甚至"00后"，这些人出生在安逸的年代，遇到时代的挑战，却毫不犹豫地扛起了自己肩上的重担。

　　她们是最美的逆行者。解开口罩，依稀可以辨认出她们甜美的模样，她们用青春灿烂的笑容与倔强的品格同死神作着殊死的对抗。病毒封锁了城市，隔离了生命，却斩不断人间的情谊与羁绊。隐形的恶魔就在这里游荡、徘徊，企图抓走每一个鲜活的生命，但是她们，与病毒进行无声的对峙，在每一条生命线上进进出出。她们握住病人的手，每一次呼吸都是跨越一座山峰，每一次挣扎都有无数人的挽留。在每一个纯白无辜的生命中，她们是勇敢的英雄，反对命运不公的审判，不分姓名，却值得被铭记，无需拥抱，只需懂得生命的珍惜，生命与生命联手，拯救是唯一目的，死神是共同敌人。她们是伟大的英雄。

当她们回到家里，卸下一身疲倦，你会发现她们是女儿、妻子、母亲，是亲爱的朋友与和蔼可亲的同事、邻居。面对疫情的恐怖蔓延，她们没有退缩，没有逃离，而是不远万里奔赴那个众人避之不及的严重疫区，用自己的力量与病毒对抗，与死亡竞赛，在生死之间拯救生命。她们中很多人是如此年轻，但她们选择了让自己的青春更有意义。

她们的青春是我未曾体验过的伟大。

同样，早晨天微微亮，大约五点钟光景，有的房间就响起了熟悉的闹铃。他们已经开始了充满活力的一天。喝下一杯清凉的水，梳洗得干净利落，在窄小的房间里伸展着僵硬的四肢。拉开窗帘，外头射进来几米阳光，阿波罗驾着太阳马车驶过天空，驱走黑暗。于是他们打开笔记本电脑，翻出笔记，开始了一天的学习与工作。通信软件的提示音劈里啪啦地响着，屋外传来母亲亲切的呼唤。工作之余，和家人长久地待在一起，有的没的闲聊，像一杯温水，不冷不热地饮下去，舒适而安心。他们工作学习繁忙，平日里很少在家，而现在，在家里依旧努力认真地生活，平凡而又幸福。

他们的青春是我所看不见的平凡。

这场疫情令我们分离，也令我们聚首；令我们恐惧，也令我们不屈。灾难面前，我们看到了国家的强大与人民的团结，也看到了平凡的伟大与伟大的平凡。我想，无论青春是平凡还是伟大的，能配得上"青春"二字的只有珍惜生命，不负韶华。

珍惜生命，是对拯救生命的人最好的致敬。

# 春日里，等风等你

2019级 刘 婷

## 未使用的车票

在封城的前一天，女孩拿到了回家的车票，这是最后的末班车也是她回家的希望。但是，她犹豫了，持续攀升的感染人数让情况愈加紧急。女孩不知道自己是否已经染病，也不能确信途中是否被其他人感染，生命的卑微与渺小在这一刻让她彷徨，未知的恐惧与不测让归途蒙上灰暗。回家的车票很诱人，让她想起母亲做的可口的饭菜、父亲宽厚安全的臂膀，可是，女孩也有她应当撑起的责任，最终她选择留下。

女孩成了她就读的那所学校的一名志愿者，安抚那些因为种种原因留下的孩子，分发从全国各地紧急筹措的物资。就算身边没有父母的陪伴，但是女孩并不孤独，因为她的身边有着一群和她一样的青年人，面对愈加严重的疫情，肩负同样的责任，留守在危机四伏的城市。女孩的父母也由最开始的劝阻与担忧渐渐转向支持与鼓励，或许他们相信，他们的女儿也可以作为独立的公民，散发自己的光和热；这个强大的国家，这座英雄的城市，会守到长夜破晓。女孩将车票改签到一个月后，告诉她的父母，一定要等她，等她平安回家。

学不已集

安徽师范大学文学院学生
"青年大学习"优秀作品选编

## 未完成的婚礼

美丽的裙摆在灯下泛着柔光，那是女孩一个月前为婚礼准备的衣服。初春三月，他们邂逅在母校那条洒满樱花雨的路上。献血车停在那里，那个明明怕疼怕得要死的少女毅然站在献血的队伍里；那个课业繁重的医学院的少年也总抽时间到献血站做义工。第一次相见如此不期而遇，从那以后，他们相识相知相爱。

结业后，少年实现了他的梦想，成为一名优秀的医生，两人也在亲友的祝福下，打算在相遇的三月完成他们的婚礼。但因为疫情，婚礼不得不延期，作为医生的新郎也决定奔赴疫情的前线。虽然知道这并不是医院的强制安排而是男孩自己的决定，但女孩并没有挽留，因为她知道还有更多的人比她更需要男孩，生活不止眼前的风花雪月，还有磨不掉的少年意气、抹不去的家国情怀。少年还是当年那般，为了责任为了梦想而活的人哪怕死亡也义无反顾地前往，这也正是当年的少女喜欢的样子。离别的当日，女孩去送她的少年，没有过多的情话，没有缠绵与悱恻，只有一句离别："平安回来，我等你，等你娶我。"

## 未品尝的蛋糕

五岁的妹妹已经十天没有见到妈妈了，但是她知道哭闹会让姐姐担心，也让妈妈担心。姐姐告诉她妈妈只是去打小怪兽了，等到小怪兽打完妈妈就会回来。姐姐也和以前不一样了，开始学着做饭，像妈妈一样让家里充满食物的味道，像妈妈一样给她洗小小的衣裳，像妈妈一样哄她睡觉讲那些睡前故事。但她也不知道比她大十三岁的姐姐明明在妈妈离开前也不是什么都会的。

妈妈的视频电话来了，姐姐抱着妹妹和被派去国外支援的母亲通话。

眼含疲惫额头满是汗珠的妈妈总是告诉姐妹俩她很好，让她们不要担心，只要照顾好自己就行；而手忙脚乱时出错的姐姐总是告诉母亲家里很好，我能照顾好妹妹和自己，不用担心我们。妹妹仿佛也懂了这种"撒谎"的技巧，笑着告诉妈妈姐姐很能干，过几天要到她的生日了，姐姐会做好吃的蛋糕，姐妹俩要等妈妈一起回来过生日吃蛋糕。虽然在妹妹心里姐姐做的蛋糕还没有买的好吃，妈妈也不能在她过生日的那天回来。但是，她会等，等妈妈回来的那一天。

今年的春天仿佛来得格外缓慢，它好像也在等待，等待那个最好的时机，等待那些最好的人们，等待他们胜利归来。春风吹起，卷起一地的落樱，远方的人们请记住，一定要归来，因为有人也在远方的春日里，等风，等你……

# 共克时艰，青年有责

2019级　杨楠楠

美国著名剧作家尤金·奥尼尔曾说过，我们生而破碎，用活着来修修补补。我国著名作家余华曾言，人是为活着本身而活着的，而不是为活着之外的任何事物所活着。人的一生，不会永远圆满，不会求仁得仁，永远有苦涩，永远有遗憾。但苦涩和遗憾，往往比欢喜和愉悦更接近命运的真相，也更催人成长。

我们目睹了发生过的事物，那些时代的豪言壮语，并非为我们所说出。有何胜利可言？挺住就是一切。里克尔的这句话，道出了当前我们的处境。

什么叫共克时艰？就是当下每个人都很难，我们却依然愿意给彼此最珍贵的帮助。曾经人来人往的公路，拥挤的地铁，热闹的集市，今年都被按下了暂停键。城市看起来冷冷清清，其实人们的心都在一起。疫情让我们觉得生活千疮百孔，但又有一些人在修修补补，让你我能说一句，人间值得。"'非典'时全世界保护'90后'，这次换我们'90后'保护全世界。"一句简单话语透露出赤子报国心；所谓白衣天使，不过是一群孩子换了身衣服学着前辈的样子和死神抢人；为了更好地服务，在许多一线医护人员剪掉了纤纤秀发，却笑着说这个发型可能是这辈子最美的样子。哪有什么所谓的基建狂魔，只不过心存善良与感恩，才有了超越人类极限、缔造奇迹的魔力。一字一句都有力地证明了一次刻骨铭心的成长，青年人敢于担当，勇于承担责任，实是国家的崛起，时代的进步。

医生，为生命奋不顾身；建设者，为生命争分夺秒；车间工人，为生命全力以赴；检测员，为生命不厌其烦；基层工作者，为生命绝不怠慢。正是现实的需要，他们挺身而出，顾不上儿女情长，不计报酬，无论生死。这就是平凡的中国人，在充满苦涩和遗憾的生活里，用他们的身躯承担着一切艰难困苦。这些为抗疫奋战在各自岗位的中国人，更是我们心中的无名英雄。他们用行动书写担当与责任，为我们青年一代做了很好的示范，也激励着青年承担责任，为国家奉献，为时代奋进。

疫情之下，有没日没夜的担忧，有苦口婆心的劝解，有猝不及防的感动，更有心向暖阳的希望。多国青年用行动给予声援和精神支持。在抗疫的过程中，我们见证了新时代青年的爱与支持、担当与责任，我们也相信有爱就会赢，我们一定能战胜疫情，共克时艰！

青年是国家社会的生力军，是民族未来的希望。"人生最可乐的就是活动所生的感觉，就是奋斗成功而得的快慰。"与其哀怨现实的艰难，不如行动起来去做些有意义的事情，让自己在实践中摆脱忧愁找寻人生意义。我辈青年应当脚踏实地学好专业知识提高自身能力，树立正确的价值观，做一个对国家对社会有用的人，共克时艰，助力新时代。

青年大学习，不只是在书本中学习理论知识，也是在生活实践中学习。这次疫情是对我们的一次考验，也是一次关于生命的学习。在抗疫防疫的过程中我们学到了很多，成长了很多。我们有过痛苦和恐惧、苦涩和遗憾，我们也有勇敢、奉献和感动。我们见到了伟大的中国人的担当，体会到了人世间的大爱与真善美，懂得了何谓共克时艰。疫情终将结束，这段记忆也会在时间的长河里渐渐逝去，但若干年后再回忆时，我们还会泪流满面吧。

"我并不期待人生可以过得顺利，但我希望遇到人生难关时，自己可以是它的对手。"既然谁都无法预测人生那些未知的镜头，就还是想选择丰盛热烈地活着。山长水阔，朝霞漫天，愿我们青年一代都能够克服自

学不已集

——安徽师范大学文学院学生「青年大学习」优秀作品选编

己的人生难关，拥有属于自己的高光时刻。

"我们所居的世界是最完美的，就因为它是最不完美的。换句话说，世界有缺陷，可能性才大。"我们所经历的时代难关也就是人生的一种缺陷。它好比洪涛巨浪，令人在平凡中见出庄严，在黑暗中见出光彩。共克时艰，青年有责。无论如何，这都是青年的一种宝贵精神财富。

# 岂曰无衣，与子同袍

2019级　杨小雪

在大家喜迎新年、"2020爱你爱你"的时候，病毒也在无声地蔓延。触目惊心的数字与日俱增，鲜活可爱的生命黯然失色，每一点每一滴都牵动着我们的心。

## 与子同袍

疫情防控的号令响起，84岁高龄的钟南山院士本该在家颐养天年、享天伦之乐，小年夜却再次"挂帅出征"，这位老人在拥挤的车厢里研究着疫情，满心满眼是疫区的病人，斑白了双鬓却依旧坚定的眼神是我们的定心丸。全国各省份的医务人员纷纷呈上请愿书，铿锵有力的字迹，血红鲜艳的手印，无一不透着杏林的豪情与担当。"请接受我的使命，就为了咱的百姓，就为我姊妹兄弟，就为这天下太平，为这医者仁心，就为我中华大地……"一首《出征》唱出了多少白衣天使的心声。何为"一方有难八方支援"？何为"岂曰无衣，与子同袍"？何为"华夏儿女的担当"？在灾难面前，我们同呼吸共命运，每一个人都在用自己的方式回答这些问题。我们红了眼眶，暖了心窝。

学不已集

安徽师范大学文学院学生"青年大学习"优秀作品选编

## 与子同战

除夕夜那天，我们坐在电视机前阖家欢乐，他们却只想着能再救一个，多救一个。厚重的防护服密不透风，宽大的防护镜哈出了雾气，纤纤玉手浮肿难耐，长发及腰忍痛剪去，还有那脸上被口罩勒出触目惊心的血痕，逆行的英雄却转过身去挥手告别……我们的泪点低了又低。我们抱怨着疫情带来的不便，却忘记了前一秒他们也是家里的小公主，朋友圈的小仙女，孩子眼中的大英雄，因为走进了杏林，因为穿上了白大褂，下一秒便是救死扶伤的白衣天使。出征那天他们一夜长大，抗疫征途他们勇往直前，挥汗如雨中他们脱胎换骨，在逆境挑战中他们顶天而立……孩子隔着屏幕看到了妈妈哭得令人心疼，情侣只能隔着玻璃门敞开怀抱，爷爷奶奶只能等天黑通过街道上的视频再看孙女一眼，丈夫在大巴车前几度哽咽、还有那临走时的大声许诺……他们的逆行，才有了我们的小确幸。

## 与子同耀

钟南山院士脸上露出的久违的笑容，天河机场送出的纪念版登机牌，方舱医院的逐渐全面休舱……我们给这场全国人民的考试交上了满分答卷。各地的医护人员圆满完成任务，坐上了回家的车。走出隔离区，摘下口罩，那一刻是那么的美好。"有一天也许会走远，也许还能再相见。无论在人群在天边，让我再看清你的脸……"再听起这首歌，变的是心境，不变的是感动。警察说你们的回家路有我们守护，带着对祖国的热忱对医护的钦佩，夹道守护、百里奔驰不再是执行任务。当初挥泪送别的乡亲父老站满了马路两边，国旗飘扬、鸣笛致敬、全城亮屏、水门相迎，春暖花开归来……

# 与子偕行

我们一直会被问这样一个问题"人的价值是什么",我们也会习惯性的回答,是学习雷锋"好事做了一火车",是学习钱学森隐姓埋名为祖国科学事业做贡献,是学习叶嘉莹老先生"一片冰心在玉壶"传承诗词文化。好像回答了这些就能得高分,就能真的理解了"价值"一词。而在这场全民战"疫"中,却看到了属于青年人的另一种价值。也许你会说,我们心有余而力不足啊,何其有幸生活在新时代,没有革命先辈们的抛头颅洒热血,我们也研读不来中华诗词的深邃,更别提拥有钱学森般的科研能力,可你我可曾看见前方医护人员与病魔斗争,后方志愿服务如火如荼,登记隔离,测查体温,用行动诠释自己的赤子之心。"在其位,谋其职,负其责,尽其事!"做好自己的事就是最好的价值,如萤火一般,有一分光,发一分热。我们都是普通人,但努力可以让我们的生活变得不普通,进取可以让我们的国家变得更强大。

看樱花遍野,刻你我心上。幸吾辈芳华,护山河无恙。

学不已集

安徽师范大学文学院学生「青年大学习」优秀作品选编

# "疫"势汹汹，扼不住国之咽喉

2019级　诸丽君

春至，想是团圆后的眉梢益然，却不料"出门"一词受疫情羁绊，一霎时滚落嘴边，猝不及防摔了个趔趄。

消息借互联网高速传入每一位国人耳中。双手无奈，关上了家门。走亲访友变为电话拜年，翌日的开门道贺改在消息框里探头作揖，本该晨起准备迎宾酒菜的老夫妻头靠头盯着那些所谓的数据好一阵念叨……

尔后，一切归于阒寂——

消息栏里躺着女儿报来的平安，以及回过去的"家里一切都好，加油"。

平日里只要这类消息跃上通知栏，当即两条语音就甩过去的老夫妻俩这会儿却一时失了声。两人从女儿动身到现在还没合过眼，第一时间点开通知回复，却不知该如何编辑出下一句。特殊时刻，多回一条消息都怕女儿分心。但也不知什么原因，只要拿着手机，夫妻俩总归觉得安心些。

这只是诸多救援的医护人员家庭之一。

一个个港湾，以及港湾里的家人，每天都在数着时间，等着自家"勇士"们的归来。

窗外空中，第一抹白悄悄拨开医院外死寂的黑，和医院内彻夜的白相呼应，刚合上眼的医护人员转身又竭力撑开双眼，紧急投入到下一场

"战疫"中去……

"不计报酬，不论生死。"钟南山院士的精神火苗在那双操纵手术刀的手里牢牢握着，也在那些穿上白衣，套上责任，紧随他的脚步，共同一路逆行的白衣守卫者的心里坚定地举着，更在每一个积极抗疫参与者的目光里闪耀着。

行星接住恒星的光，尔后共同连成璀璨的银河，于黑夜里，明媚着忧思者心底的一方天地。顶着畏惧冲锋的千名医护人员就如同漆黑里的点点星光，不久他们降落，化为萤火，又或者灯塔里的那抹鹅黄的明亮，指引着众人共赴白昼……此时此刻，心，紧紧相连；志，共在一线。

是什么让白衣，成了无坚不摧的战袍？

没错，是这白衣身后的人们！

"小笼包为热干面加油！""火锅为热干面加油！""大闸蟹在此为热干面打气！"……

山川异域，风月同天。网上一句句以美食为载体的加油口号，暖融着每个人的心。各地美食纷纷上阵，从味蕾上溢出的甜温暖着网络，神州大地各个角落关怀丝丝升起，交织，汇聚。

没错，病毒被隔离，但爱是隔离不了的。疫情汹涌，温暖却从来不曾缺席，并展现出了其无尽的洪荒之力，磅礴之量。

"火神山""雷神山""7000余名建设者"……

这是基建狂魔的中国速度。疫情虽汹，奈何人心所向。自此，乌头白、马生角类的神话被"火""雷"压倒。

前有"香油可阻断病毒传播"的无稽之谈，后有伪造的医生生死文书和护士们的聊天截图引起大众的焦虑……此刻，众人纷纷发起"不信谣，不传谣""积极关注动态，掐灭谣言的恶苗"的呼吁。

防疫长城的城角下，白衣的身后，全城守卫者蹲守每一秒，不给任何谣言的可乘之机。逆风凛冽，敲击着冰雪，尔后，谱出段段乐章。冬日里，乐章悠扬回响，声声呼唤暖阳。

一幕一幕，有如黑夜里的光与冰雪里的火，光与火交织着将乐章首

学不已集

安徽师范大学文学院学生"青年大学习"优秀作品选编

尾相接，奏出最为激昂的进行曲。

前奏一曲奏毕，国之咽喉挣脱汹汹"疫"势，放声嘹亮，阵阵回音震碎不安壁障，砥砺向前。

一抹白，十几天的光阴，数千名医护人员，多日的匿名捐款……一堵众志筑成的墙此刻再度被镀上一层坚毅。

东方，高日悠悠。件件白衣，这是前线"战士"与每位心系"疫"战的儿女们向着光溯游而上的勋章，是这群上阵勇士们同死神夺命者的信念，也是众志成城、一往无前的动力载体。在登上这没有硝烟战场之前，疫情这个魔头，势必会在逆流中的件件白衣前，片甲不留。

第一战线的英雄们，后方的英雄们以及身边的英雄们，正在用他们的方式，竭力守护着这片大地。

虽有豪言壮语顷刻散，不及奉献之心永流传。愿我们在冰冷的疫情黑夜笼罩之下，得以窥见天光。不，应该是行动起来的我们，携手共战，得以创造属于自己的天光！

# 怀抱信仰，奋进前行

2019级　郭倩倩

信仰，是人们给予自己灵魂的注脚。奋进，是人们吹响生命旋律的号角。

王阳明曾说："立志而圣则圣矣，立志而贤则贤矣。"志，即志向，当志向内化于心并被不断确信，便成为信念；而当信念被一生追随并付诸实践，便成为信仰。人总是会为了某种信仰而活着，否则即使行走在宽阔大道上，也仅仅是一头被迷蒙了双眼的困兽，没有目标，没有方向，目之所及，皆为尘土。中华民族之所以源远流长、历久弥新，就是因为每一代人对于信仰的坚信与坚守。

自古以来，中国的知识分子就以诗文明志：北宋张载有"为天地立心，为生民立命，为往圣继绝学，为万世开太平"；范仲淹立志"先天下之忧而忧，后天下之乐而乐"，以民族和国家的利益为首位，以替天下苍生排忧解难为己任；陆游胸怀天下事，病起书怀，"位卑未敢忘忧国"……古仁人之心，由此可以观之。

回首往昔，中华民族也曾饱经风雨、历经沧桑：十四年抗战，非典肆虐，汶川地震……"或多难以固邦国，或殷忧以启圣明。"这些灾祸与磨难却从未让我们气馁，反而激发我们的先辈励精图治，转危为安，让民族精神的火炬在风雨飘摇中越燃越旺，越传越远。

西风几时来，流年暗中换。放眼当下，拥有着家国情怀、怀揣着崇高信仰的英雄依然在社会的各个角落绽放着自己的光芒。今年是2020年，这是一个特别的年份——这是21世纪20年代的伊始，这是数年一遇的农历庚子闰年，这是十二生肖的又一个新的轮回，这却是被疫情侵袭的一年。犹记得跨越2019迎接2020的那个夜晚，人们相互呼告着"爱你爱你"，用最饱满的热情、最炽热的期待去迎接这个"幸运而又幸福"的新年。然而，突如其来的疫情打破了人们的美好期许，它几乎让整个世界沦陷，可祸福相依，深渊的尽头未必黑暗，也可以是光明。

病毒无形，每个人都有被感染的风险，就在几乎举国上下都陷入恐慌之时，一大批"最美逆行者"纷纷奔赴疫情的震中地区，给处于水火之中的那里带去了光明与希望。为了支援那里，来自全国各地的医护人员舍弃了家庭，前仆后继地战斗在抗疫一线；为了给感染者提供集中有效的隔离治疗场所，"中国力量"以令世界瞠目的"中国速度"建设完成并交付了火神山医院、雷神山医院；面对防护物资紧缺告急，各种工厂放弃"主业"，开始生产防护服和口罩；为了给前线的战士们加油鼓气，亿万网友以剪纸、绘画、诗歌、视频等各种各样的方式摇旗助威；为了稳定在家自我隔离的全国人民，各个年龄段的志愿者纷纷成为可爱的"小红帽""小红袄"……

2020年没有给我们带来意想中的幸运，但全体中国人民却"手动"创造了幸福。没有一个冬天不可逾越，没有一个春天不会到来。眼下，我们正在创造历史，我们是历史的见证者，也是历史的书写者。

罗曼·罗兰说过，信仰不是一种学问，而是一种行为，它只有在被实践的时候才有意义。对于信仰，不论多么坚定，如果不为之努力奋斗，也终究只是一幅停留在纸上的美好蓝图，一个永远无法触摸到的海市蜃楼。

幸福都是努力奋斗出来的。在世界局势复杂多变的今天，青年人必然要承担起国家富强、民族复兴的重要责任，要做走在时代前列的开拓者、奋进者、践行者。"最美村官"秦玥飞毕业于耶鲁，却放弃体面的白领工作，毅然在基层做扶贫助农的工作，他称自己是"有理想的践行者"；植物学家钟扬跋涉高原十六年，在世界之巅采集了四千多万种子样本，像守护自己的生命一样为国家守护植物基因库；"最美教师"周贤怡身患癌症，却坚持在幼儿园教师的岗位上，把爱与希望传递给许许多多的孩子……只有不驰于空想，不把美好的理想停留于幻想，才能化虚为实，成就一番事业；只有不骛于虚声，不把功名利禄奉为人生的终极目标，才能真才实干，实现自我价值；只有把小我融入祖国、人民的大我之中，与时代同步伐、与人民共命运，才能更好实现人生价值，升华人生境界。

风雨多经人不老，关山初度路犹长。岁月的河流悠悠流过，古老的中华民族在一代代人的努力与见证下绵延不绝、经久不息。我们民族的历史总是在上一代对下一代的忧心中更迭前进，新生代们从未让前辈们失望，他们总能在质疑声中坚毅果决、义无反顾地从前辈手中接过接力棒，然后一往无前，全力奔跑。跑着跑着，原本纤弱的肩膀渐渐宽阔，宽阔到可以成为社会的中流砥柱，最终也成为下一代口中的上一代。如今，国家的希望、民族的未来寄托到了我们这一代青年人的身上，我们并非生来就有神力，一切成就都需要脚踏实地、扎扎实实地用汗水与泪水去浇灌，只有不驰于空想，不骛于虚声，才能让青春之花绽放。

最后，愿新时代的我们敢想敢言，能做能当；怀抱信仰，奋进前行。愿我们深爱着的祖国山河壮丽，海晏河清；岁月峥嵘，万木常青。

学不已集

安徽师范大学文学院学生
"青年大学习"优秀作品选编

# 致敬点灯人

2016级　郭雨晴

那会阴云密布，气压低得可怕
谁也不愿意相信苦难
有的人捂住了眼睛，有的人捂住了嘴巴
商女唱着后庭花

"没关系的，明儿天就晴了"

灯塔已荒废许久
还是不要点灯了吧
雨会扑灭它的
风会吹熄它的
这光，会灼伤自己的

怎么，你还是要坚持吗
怎么你已经去到灯塔那里了吗
你即将点燃，用颤颤巍巍的手
点燃希望了吗

瞧啊，一盏灯亮了
这被沉默统治的大海中，有一盏灯亮了
船长看见了，水手看见了
一个信念点燃了另一个信念
于是这一船的人都看见了！

光啊
你是黑暗的预兆
你更是黑暗的敌人

风雨更甚了，风暴已经来了
但我们不怕
因为这茫茫大海中，有灯塔
灯塔指引我们方向
光明就在前方

第三篇章

涵养文脉——弘扬传统文化

正值传统与现代、单一与多元相互碰撞交融的时期,大学生究竟是故步自封还是敞怀包容?是兼收并蓄还是掇菁撷华?不容置疑,立足于中华优秀传统文化的根基,只因中华优秀传统文化是十四亿中华儿女的文化渊源。大学生扮演着文化基因传承的活的载体的角色,正是因传统文化的哺育而恪守"仁义礼智信""温良恭俭让",正是因传统文化的灌溉而铭记"发奋识遍天下字,立志读尽人间书",正是因传统文化的滋养而顿悟"为天地立心,为生民立命,为往圣继绝学,为万世开太平"。

# 找寻小城的年味

2017级　丁　宁

　　含山，我的家乡，坐落于江淮之间，是个名不见经传的小城。但就是这样一个小城，也有着值得人细品的历史文化之韵。

　　它原在东晋大兴二年（319）名为"龙亢县"，属历阳郡，后改为"含山县"。不大的小城正如其名——含山含水，臻善臻美。早在新石器时期，这里便有了华夏儿女繁衍的踪迹，凌家滩遗址的发掘确立了"长江流域"为中华文明发祥地的重要地位；千古雄关——昭关，"伍子胥过昭关，一夜急白头"的历史故事让昭关载入了史册；"世之奇伟、瑰怪，非常之观，常在于险远。"北宋至和元年王安石的"华阳洞"一游，著成一千古名篇——《游褒禅山记》，让"褒禅山"与"华阳洞"闻名遐迩，也使这偏安一隅的小城在历史上多了一分剪影；"以湖名山，而山旁无湖"的太湖山亦在层峦耸翠之中为小城增添了一笔墨色……

　　遗址、古关、奇洞、翠山，或古镇、民居，时间为这些历史的记忆按下了暂停键，历经了千百年的今天，甚或千百年后的未来，我们都只能从机械的文字中了解其大概，而真正鲜活的永远是赋予在人身上的文化符号。

　　一方水土养育一方人，一地的民俗文化深切反映了此地的风土人情、人文关系和传统习俗，透过民俗文化我们能够看到该地在历史长卷中的缩影。含山这座小城在辽阔的华夏土地上并不突出，但有着自己独特的民俗文化魅力。

　　除旧掸尘、送灶祭祖，这些风俗无论在中国的大江南北，或多或少都尚且留有些许踪迹，在含山也不例外。正如俗话所说：有钱无钱，干干净净过年。人们期待着通过掸尘扫去过去一年的不吉晦气，因此也称之为"除旧"。事实上，掸尘不仅是为了迎接新年的到来，也是为祭祀活动做准备。腊月十三掸尘，腊月二十三送灶，在含山，这一天意味着春节的前奏。"上界奏好事，下界保平安"，简单而朴实的对子，不仅是人们对于传统的遵守，更是对来年万事顺遂的期望。如祭祖一样，如今在小城，这样的仪式逐渐简化，大多只能在农村看见，但很多时候，繁琐的仪式才是"年"的象征，尤其是对于千百年来注重传统文化承续的中华儿女来说，或许从中我们才能品到浓浓的年味和乡情。

　　饮食文化是谈到每个地方时绕不开的话题，尤其是春节时期往往更能展现地方的饮食特色和传统。含山素来有在农历十月便腌制咸货的传统习俗，家家户户在市场上买新鲜的猪肉、猪腿和草鱼等回家自己进行腌制。猪肉进行调味后装入洗净的猪小肠中，并塞紧，俗称"灌香肠"。它们腌制后需要进行晾晒，将之晒在天台或者阳台等阳光充裕的地方。"封鳊鱼"也是一种含山当地特色年货。取新鲜鳊鱼，处理干净后在鱼表层及内部均抹上食用盐，再在鱼肚里塞入腌好的猪肉进行调味，之后再晒制以便储存。小时常居家中并不觉得这些有什么特别，长大后再次尝到久别故乡的滋味才觉得分外亲切。

　　在含山，每年春节，很多人家中都要准备一种重要的年货——揾糖果，其实就是"炒米糖"。可以自带糯米，加上花生、芝麻、白糖等多种原料，请师傅加工，做成各种酥脆香甜的点心，以备过年期间待客或自用。而林头镇的花生酥是含山县的传统名点之一，具有甜、白、香、酥、脆的特点。随着人们物质生活条件的改善，这些糕点可能显得不再那么特别，但是对于小城的人们来说，手工糖果更有一种醇香、一丝温暖、一份情怀和一段记忆。

　　一方戏台，上演了多少家长里短；一幕戏剧，唱尽了多少人生百态。

学不已集

安徽师范大学文学院学生
"青年大学习"优秀作品选编

作为含山的特有剧种，从民间艺人的小曲演唱"含弓调"，到走上舞台的安徽地方剧种——含弓戏的衍变，不仅仅是一方戏曲的发展，更是戏曲艺人对于民俗文化的坚守和传承的体现。在戏曲逐渐淡出人们视野的当下，这样的地方剧种更是难以维系。也只有在春节时的乡下，我们走进村庄，还能听见那熟悉而陌生的咿呀唱腔，从中回忆少年时光，找寻祖辈走过的痕迹。

小城，每天都在数着日子，看过她的熙熙攘攘，也瞧过她的清冷孤寂。多年后，再次找寻记忆时的小城年味，只因她或许虽不是我的终归途，却是我的来时路。

# 年味里的"板龙灯"

2017级　王　欣

　　"百里不同风，千里不同俗。""玩灯"是芜湖人春节期间隆重的庆祝方式，不同的县区、不同村镇也留存着不同种类的"玩灯"形式，寓意丰富，衬托出一个红红火火的新年。

　　今年因为疫情的影响，家家户户都待在家里度过了一个格外不平凡的新年，各种新年活动也因为避免疫情扩大化而取消，孩子们自然会觉得乏味和无趣，得老老实实待在家里，不能去亲戚家、朋友家拜年，也少了最令人欣喜的零花钱。和往年不同，今年全家人都没有回老家，"蜗居"在城市一角的我不经意间又想起了老家特别的新春活动——"板龙灯"。

　　在我老家这边，"板龙灯"是一项独特的庆祝方式，由村庄里自发形成，而村庄与村庄之间又有所区别。每年回老家过春节时，我都很庆幸自己能参与到这盛会中来，感受龙灯文化的独特魅力。老家是在芜湖市南陵县城下的一个村庄——强村王。村子里人口较多，但大多都在外打拼或在县城居住，只有到了年关，人们才会纷纷回到这里，阖家团圆，一起过春节，好好热闹一番。

　　在我们这边春节庆祝方式有"板龙灯"和"走马灯"两种，"走马灯"是在大年三十晚上开始的，马灯有女灯、男灯两种形式，由21至26位男子组成（有时也会是女子）。他们身穿特有戏服，脸上涂着厚厚的脂粉，扮成古代三国和唐朝等时期的君臣和将相。马灯人数会根据地区和习俗而变化，有老有少，几乎每户人家都会参与进来。在本村或关系较好的村庄走马灯，为期4至6天……

而龙灯与马灯相比又有所不同，我们这边是"板龙灯"。正月舞龙灯，每个村子的时间又有所不同，我们村子历来的传统是在正月十五前开始准备，十五的龙灯又被称作"正灯"。大概在初八那天，家家户户就会把龙灯板拿出来清洗、扎剪、糊纸、装扮、画图……家里的男生都会来帮忙，大家都绞尽脑汁地将自家龙灯板装扮得好看，到了穿龙灯那一天可是要拿来比较的，自然谁家都不愿落后。板龙灯最重要的便是龙灯头和龙灯尾，它们由村里几位族老和有经验的人来进行装扮，弄好后放在龙灯堂里。而这龙灯堂的地点要选择在一个没有人居住的屋子，也是极为讲究的。装扮龙灯，敲锣打鼓，商议事宜……每天晚上锣声一响，大家便会自发集合，别提多热闹了。

扎龙灯两天便要结束，在初十那天，挨家挨户要将自家的龙灯板拿去龙灯堂，由族老们在上面贴上已写好的符，画上一些特有的符号，这样龙灯才算弄好了。也会有一些年轻人在一旁学习，能作为接班人是至高的荣耀。当天晚上，"龙封口"后由村里强健的人将"龙头"和"龙尾"抬去土地庙，请龙灯菩萨，跪拜、磕头，说着一些吉祥话，鞭炮、锣鼓响个不停，一系列事宜完成后，这个龙便"活"了。从那天起，龙灯堂里每天都要人守夜。大人们会嘱咐小孩子们不要乱说话，图个吉利。

村里会请风水先生来看时间，择定一个好日子，家家户户在那天大清早便会把自家的龙灯板拿去龙灯堂，抽签来选龙灯序号，大家都想抽的序号靠前些，序号好听些。抽签结束，大家便会把龙灯板连接起来，一百多户人家，一百多条龙灯板组成了一条长长的龙灯。每户人家都有负责拎自家龙灯板的，而龙灯头、龙灯尾由几位族老选定人来举，四个族队，每族选择一人。接着便是挨家挨户地跑香火了，一百二十多户人家，村子的路龙灯都要走一遍，经过的都会放鞭炮，龙灯头也会向每家的院子摆一摆，挨家挨户走过了，一天就结束了。

之后几天大家会抬着龙灯去隔壁村或有血缘的村"穿龙灯"，这特别考验人的体力，早早地出门，到了晚上才回到自家村。关系较好的村还要送"红灯"给大家看呢！龙头上挂满了红色的绸缎，自家的亲戚也会在龙灯板上挂上红布，或更贵重的棉被、盖毯。晚上回到村还会穿一穿，那个时候的龙灯是最好看的，天黑了，龙灯板上的蜡烛都被点燃，远远望去，就像一条红色的龙。正月十五那天是最热闹的，其他村民也会跑来观看。十五"正灯"结束了，春节也就结束了，一切又都恢复到平日里那样。

龙灯是最灵的，可保佑人家家族兴旺、走财运，还有"龙王送子"这一说法。家里有了女儿还想生儿子的，便会请求龙王送子，而灵验了的人家在下一次穿龙灯时是要负责拎龙灯尾的。每逢正月十五，早上"求子""拿茶"，晚上"送子"，鞭炮响一天啊！在舞龙灯时，还有一些特别的注意事项，如在"龙活"之前，女孩子可以在外面看一看龙灯的模样，一旦正式开始后，女孩子是万万不可以这样子的。龙灯堂也是女性不可踏进的地方；在穿龙灯时，人们要避开龙灯头，让"龙"先走，以示恭敬；最重要的就是不可以跨龙灯板，如果要穿过龙灯，必须从板下走……

有些细节可能描述得不够清楚，我也有些记不大清了。一些习俗和规矩也是从爷爷那辈听说来的，由于是方言，一些地方还是不太清楚意思。但每次的龙灯都能切切实实震撼到我，从中可以真切地感受到民俗的魅力。想念老家的年味，想念老家特有的过年节目，希望疫情早日结束，一切都可以恢复到往常模样。来年春节时，我一定要和家人们再回老家，再看上一遍闹龙灯。

正月新春舞龙灯，民间艺术永相传，这些极珍贵的民间宝藏，应被保护和传承下去！

学不已集

——安徽师范大学文学院学生
「青年大学习」优秀作品选编

# 寒夜灯火

2018级　蒋凌云

凛冽的寒冬逼退了绿意，大地陷入了沉睡，干枯的树梢飘荡着摇摇欲坠的枯叶，只待一阵风，便"零落成泥碾作尘"，"遥岑远目"只是无尽的荒凉，夜晚尤甚，那深沉的墨色笼罩天地，刺骨的寒风直教人冻成冰。即使如此，冬天的夜晚也让人们期待，只因有那样一个特殊的日子——除夕。除夕之夜点亮的盏盏灯火，犹如那满天繁星，照亮了旅人的心，温暖了千万人。

今年也是一个特殊的新年，今年的新年祈求的不是团圆，是平安！面对疫情，今年的除夕之夜在耀眼的红色中多了一片肃穆紧张，家中人的心里多了一份牵挂，有人滞留外地，有人请求远行，不变的是新年新期待，新年新开始的祝福。

新年伊始，家家户户都准备起了"除夕团圆宴"，实际上进了腊月，新年的脚步就来了，除尘，祭灶王，准备年货，家家户户都忙了起来。在过年前，我最爱的就是准备年货了，这里指的不是去超市采购"拜年"的礼品，而是年货里在餐桌上会出现的自家制作的食物。支起一个油锅，炸豆腐，炸爆鱼，炸芝麻糖，烈火烹油，油炸美食，还有就地取材，用咸菜、胡萝卜、豆干等制作的八宝菜……在那阵阵香味中勾起了食欲，勾勒出了新年美好。大年三十，就是我们所称的除夕，这是一年里最隆重的日子，不管贫穷或富有，不管身在哪里，都尽可能地满足吃一顿

"大餐"的要求，这是对过去一年的总结，也是对新的一年的期盼。

俗话说"一方水土养一方人""千里不同风，百里不同俗"，在我们这儿，真正的热闹都在午后。早上中午都是为年夜饭的忙碌，到了午后当你听到噼里啪啦的声音，当你感受到空气里的躁动，除夕夜便开始了。老人会熬上一碗米糊，浓厚黏稠，新春的对联早早地准备好，从右到左再到横批，贴上新的一年的祝福，求平安，求富贵，求幸运，应有尽有。福到了，福"倒"了，把福气相迎。红对联、红桃符送来红红火火的热闹。因为人是群居动物，我们的血液里有着宗族观念，有着对祖先的崇敬。类似于祭祖的活动开始了，我们这儿的土话叫"上饭"。新年的吃食先用来祭奠祖先，有鱼有肉，有酒有菜，还要备上茶水，两支红烛引燃恭迎先人享用美食，一炷清香献上，堂前给先人送去钱财，作揖祈求祖先保佑，当"上饭"结束，灭红烛，还要找一个僻静地将给先人准备的纸钱烧去，因为觉得这是一种血脉的延续，我们死去的亲人会保佑子孙后代，同时也诉着相思。

夜晚来临，年夜饭上桌，这是一个真正的"不眠夜"。灯光下，坐于堂前，电视机里播出新年节目，一家人围坐在一起，房屋隔绝寒冷，光线驱散黑暗，让人觉得一切都圆满了。孩子们作个揖，道一声"爷爷奶奶、爸爸妈妈新年好！"伸出双手，长辈们瞧着大眼睛中的渴望，便失笑着递上红包。一家人奋斗了一年，努力了一年，家人健康，年年有"余"，举杯畅谈，谈天说地，言笑晏晏，相视一笑间洋溢着喜悦与幸福。在这里饺子也是一样不可或缺的吃食，而且讲究自己做，吃过年夜饭后，家里的女性会在厨房包饺子，一张皮、一块馅，捏出个褶皱口袋桌上放。无论是堂前还是屋后，只要有灯，只要有人，灯火常明，在守岁的漫漫长夜送去了一缕温暖，极目远望，那窗户里透出的，门缝里漏出的一缕缕灯光，是寒夜里的灯火，是相伴的温馨，是黑暗中的希望！

年味里的传统，除夕中的风俗，年复一年的日子，蕴藏着的是希望，是温暖，是伊始。而今年更是个特殊的日子，除夕之夜有一位位战士请求奔赴"战场"，抗击疫情，在万家团圆的日子，他们成了"逆行者"，

学不已集

安徽师范大学文学院学生
「青年大学习」优秀作品选编

到需要他们的地方，他们带走了我们的一丝牵挂，一份祝福，漫漫长夜，他们逆流而上，而我们灯火常明，等你们回家。寒夜有灯，困境有你，跨越了山川与河流，我们走在了一起，我们共同祈祷，我们心连心，共命运，我们同在，不孤单！寒夜里的灯火驱散了黑暗，我们也将迎来黎明！

# 外婆的糍粑

2018级　马迎春

外婆的房子还在那里，屋旁的桃树早已显露出枯败之色，外婆还坚守在那里，和她的老伴一起。据说每一个外婆都有一双巧手，能变出花一样的美味。许多年前，每到开春，桃花开得艳丽无比，外婆旧房子便整日氤氲在水汽和烟火之中，隐隐传来乡村人的笑语，扑面的糯米味儿伴随着柴火的香气足以吸引整村的孩童。

各地都有自己做糍粑的方法，时间、配料、大小、形状都各有差异。当地里的婆婆纳开出第一朵花时，就意味着全村人可以提着篮子带着剪刀或者小刀，踏上采蒿子的路程。这是一种生长在当地特有的植物，喜欢长在高处平坦的杂草中间，无论是新鲜的还是晒干后都会发出令人着迷的香气，外婆每年都会带着她的小篮子，装回一篮篮蒿子，除掉新采回来的蒿子上的杂草和泥土，把它们放在院子里面的竹筛上，阳光会赋予它们新的灵魂，晒干后的蒿子可以保存很久，什么时候想吃，便可以拿出来满足一下味蕾的欲望。外婆始终相信糯米和蒿子是绝配，每当重要场合，蒿子糍粑是餐桌上必不可少的早点，油炸过的糍粑外壳焦脆，内心柔软而富有韧性，一口下去，酥脆和柔软的两种糯米的香味在口中迸发，其中夹杂着蒿子淡淡的清香，再配上一碗自家种的粳米煮出来的粥，早起的疲惫一扫而光，让人不禁感叹，生活真是妙不可言。

农历三月三，民间传说中的鬼节，要吃蒿子糍粑辟邪。这个习俗多

学
不
已
集

安徽师范大学文学院学生
『青年大学习』优秀作品选编

久了呢，外婆也说不清楚。许多年前，外婆是和村子里面的小姐妹一起做，把自家种的糯米泡上一夜，井里的水似乎有着莫名的魔力，泡发过的糯米散发着清香，农村的大灶下塞满干燥的柴火，火舌随着人影晃动向外吞吐着，似是兴奋，又似不甘。灶上煮着满锅的糯米，一群人边关注着糯米，边调笑打趣，尽是些家长里短，一时间热闹非常。糯米要煮到表面水分尽失，但又不可干硬，趁热搅拌煮好的糯米，激发其内在的黏性，搅拌过后加入已经洗净切好的蒿子，再次搅拌均匀，盛出放入准备好的容器中，洗净手将糯米团成团，滚烫的糯米十分考验人的忍耐力，稍有差错便会被烫得龇牙咧嘴，不敢再碰，这并不是最后一步。如果说前面的步骤还不足以挑起人的食欲的话，那么最后一步，一定让人无法抵抗它的诱惑，下油锅将团好的糍粑炸至两边金黄，捞出来沥干，这样，鬼节所需要的食物便大功告成了。村里的人会聚在一起分食，享受片刻的惬意，鬼节过后意味着农忙时期到了，休息成了世世代代农民的奢求。

我已经多年没有在农历三月二吃过外婆做的糍粑了，求学生活让我长久看不到家乡的四季更替，也使得我常常惋惜吃不到家乡那些时令食物，春天的糍粑以及小沟边结着果的桑树，都是我求学路上的心心念念，一度感叹可能再也没办法吃到。今年由于特殊情况，终于在三月三这天吃到外婆做的糍粑，内心立刻感到充盈起来。城市化进程不断加快，村子里面的人越来越少，集体做糍粑的机会越来越少，鬼节这一说法也越来越少提及，但是这项传统依旧没有被抛弃，外婆总是独自做着她的糍粑，等着她的孩子。即使离外婆很远，外婆的孩子们依旧会在这一天赶回家，看一看年迈的母亲，尝一尝久违的味道。外人看来只不过是一个油炸团子，可殊不知油炸团子丰富口感的背后承载着地方的民俗，承载着家庭的味道，这会留在一代代人一生的记忆里，寡淡的时间也会因为这些记忆中传统的家乡味道而变得温柔而富足。

# "船"递

2018级　杨正浩

"你不来让我来，唱个刘备卖草鞋。"

"张飞杀猪带卖酒，关公就把豆腐店开……"

伴随着咿咿呀呀的唱腔，李大婶的"船"划到了另一家，这是今年开春她去的第五个村子，虽然已经是下午两点，已经演出一个上午的她依然没有感觉到疲惫，高高兴兴地荡过去。

傍晚七点，与同行演出的几个人告别之后，李大婶回到了家里，她先是卸下来一身"盔甲"，然后拿个红桶在井边打水，凉快的井水冲去脸上的脂粉，屋内传来了一阵声音："吃饭了！"接着走出来一个中年男人——王大伯，这是她男人，李大婶走进屋里，正喊着，儿子王力军推着轮椅和妻子边说着话走了出来，她的小孙子也蹦蹦跳跳跑了出来，一把抱住了李大婶，"奶奶，今天去了哪些地方啊?""我的乖孙子，奶奶今年去了很远的地方，明天带你一起去好不好啊?"这边话音刚落，王力军就开口说道："妈，我不是跟你说了吗，叫你不要再出去搞那些东西了吗?"

李大婶是佛堂村青石墩人，早年在缝纫机厂干了很长时间，供家里唯一的儿子读书，不料儿子王力军在初二那年下课回来时出了车祸，双腿都被截肢了，这突如其来的消息令本不富裕的家庭更加难过，由于高昂的手术费用，李大婶和王大伯更加拼命地借钱赚钱，好在王力军在休

学不已集

安徽师范大学文学院学生
「青年大学习」优秀作品选编

学一年之后能够继续上学，并且在同学老师的帮助之下，在初三中考那一年考上了县里重点高中，这使一家人的希望又重新燃起来，后来高考考上了一个很不错的大学，回来为了方便就留在乡里做了一名大学生村官，李大婶在前年就已经退休了，但是年过半百的她在下岗之后依然闲不住，从前年开始，每当春节来临，大年初一开始，李大婶就召集村边的一些下岗的伙伴演起来"旱船"。但是遭到了儿子王力军的反对，他认为这"旱船"就是卖唱讨饭（广德旱船挨户演出，一般给捧场费）。

"我在家也没事，出去演一演不是挺好吗？"

儿子反驳道："你知道你那是什么，跟要饭一样，挨家挨户去'讨饭'。"

"我高兴做的事情就是这个，我就是唱唱词，哪能说是讨饭？"李大婶反驳道。

"够了，你就让你妈去唱几句，反正也不耗什么钱。"李大伯也帮着说。

王力军的妻子站在旁边没说什么，每次提到这件事情，王力军的话在李大婶面前都毫无作用，之前王力军的妻子也劝阻李大婶，后来说了几次发现没什么用，索性就直接不说了。

第二天一早，李大婶清早扒了两口稀饭就跑到隔壁村和演出队集合了，脸上抹上粉，穿着花花绿绿的衣服，一般的"旱船"是用竹篾扎成一条大鱼模样，鱼背上四根小立柱，再上面是小楼顶，外面用各色纸糊成模型，还用彩笔画了一些精美的图案。一条"船"，一套锣鼓及打锣鼓的人：坐船的叫"船娘子"，由妇女扮成俊俏少女模样，站在小船中间，整个小船则是由两根带子吊在"船娘子"的腰上。其中一人扮成长胡子老者，手持一支桨，是艄公的意思吧。还有一个是由男人扮的一个极丑的老太婆，用黑色丝巾裹头，脑后挽个髻，上面别个胡萝卜当簪子，耳朵上挂个红辣椒当耳坠，画个歪嘴，脸蛋上点个蚕豆大的黑痣，手上拿把破芭蕉扇，穿着也极尽夸张，叫"摇婆子"。

一切装备都完善了，演出的一行人就出发了，每到一个村子都要一家一家地上门表演，转一圈后就开始唱自编的"船歌"。一般好的唱家不会"堵词"，可以直接现场来唱，称作"炒现饭"，先是在村里挨家挨户

"拜把子"，然后直接唱词。李大婶来到的第一家主人是一对小夫妻，不出几分钟，她就开唱起来了："锣鼓一打真热闹，我来把好吃的婆娘表一表。"她朝女主人歪歪嘴，奸笑一下，瞧着女主人忙着招呼人，没注意，便继续唱道："黄瓜豇豆她不留种，一个鸡蛋也要用火烧。稀奇古怪都吃遍，屋里屋外还要找。猛然想起要吃馍，赶紧掬些麦子磨一磨，找张锣筛锣一锣，锣了两升好灰面，倒在盆子里和一和，放在大腿上搓几搓，大大小小做了十几个，连忙放到锅里烙一烙……"引得周围的观众大笑。接着如果唱得好的话，人家会给演出的人员一些烟酒，或者钱，请吃饭等作为回馈。

过了几天，县里就来了领导，李大婶的团队越做越好，已经去往了好多地方，县里准备开展一个"民俗文化闹新春"活动，特地邀请李大婶团队去表演，作为现在为数不多的"旱船"表演团队也受到欢迎。作为县里非物质文化遗产领导团也来到李大婶家中进行交流，对李大婶他们这种演出的做法表示赞同。这下王力军也被李大婶说服了，他表示，只要李大婶愿意去做，他以后也会支持。

李大婶团队也在四处演出着，咿咿呀呀的唱词还在继续。

"你不来让我来，唱个刘备卖草鞋……"

注：广德旱船这一游艺形式，在广德市内比较普及，很多村都有，每年春节一到就会有玩旱船的。一艘船有正副二篙手，一人扮船娘子（中华人民共和国成立之前多为男性所扮，后由妇女所扮），一丑角扮艄公，四个打锣鼓的，一个领包拿物的，共九人组成。每到一个村庄，先挨家挨户"拜把子"，就是划动旱船，唱几首门歌，有两篙手对唱，有篙手与船娘子对唱，艄公插话打趣，由艄公出"对子"叫娘子对、船娘子出"对子"艄公对等多种唱法。"门歌"内容大多是"劝世"的，在农村中心通俗说法叫"劝世文"，如戒烟酒、戒贪财、戒动气、勤俭持家等。白天拜门子，夜晚有时也会有"打坐场"，再玩几套旱船故事，有"大四门""小四门""古铜钱""八卦阵"等传统的样式。广德旱船是广德非物质文化遗产之一。

学不已集

——安徽师范大学文学院学生"青年大学习"优秀作品选编

# 黄梅曲动梨园香

2019级　曹　静

又逢春节，回到家乡，听到熟悉的黄梅戏曲，有感而发，故作此文。

——题记

水袖翩跹，身姿摇曳，粉面回眸，即是一段段历史、一个个人物在一方戏台上的交叠重现。我生长于依偎在扬子江边的安庆，八大剧种之一的黄梅戏便是在此壮大。黄梅戏的起源总是众说纷纭，但我相信无论它从何而起，历史的百转千回后，黄梅戏早已和这座城系上了解不开的情缘，一往而深。江水的温润和山川的灵秀滋养出黄梅戏明快婉转、淳朴流畅的唱腔，黄梅戏借以家乡的方言唱着、念着这座城的百态人生和城中人的人生百态。

安庆人是在黄梅戏的浸润中成长着、生活着的。江畔边、公园里，街头巷尾到处都不难听到那悠扬婉转的曲调飘荡而来，一块小小的红毯一铺，就是一方舞台，在广场舞还没风靡前，家乡人就早已会用黄梅戏描绘生活，传递情感。尤其到了夏天，借着乘凉的悠闲，江畔"台上"人唱着，台下或摇着蒲扇听着，或侧耳评论着，江畔的微风带着夏夜的凉爽，驱散了空气中的闷热和聒噪，也带着这咿咿呀呀的戏声飘飘荡荡地穿越历史，穿越时空。

在如痴如醉、如泣如诉的熏染中，我邂逅了董永与七仙女的那棵老槐树，看到了《夫妻观灯》中人头攒动、热闹非凡的元宵灯景，也听到了孟姜女在长城边凄凄厉厉的哀鸣。我为牛郎织女屋前阵阵稻香而迷醉，为女驸马中举救夫的勇气而钦佩，我向往《打猪草》里欢乐悠闲的田园生活，我叹息山伯英台感天动地的凄美爱情……无论是极具生活气息的花腔，还是正本戏中的平词，在唱念做打间都歌咏了人间冷暖，在三尺水袖上都承载了喜乐哀怨。

如今，钢筋和水泥使每一座城都戴上了相同的面具，四通八达的柏油路上，人越走越快，心渐行渐远，庆幸啊，一面面钢筋铁甲的"面具"下还有一曲黄梅调乘香而来。黄梅一起，便是人情，千年前采茶泥土的芬芳夹杂着烟火气猛然袭来，一瞬间城市的嗅觉、触觉、视觉一齐灵敏了起来，山水开始流动，故事又来重演，冰冷的市街也渐渐回温。瓦砾堆砌的古院村落可以被现代化的高楼大厦所取代，历史遗址可以被尘霾淹没破坏，可只要黄梅不灭，根就不灭，它是流淌在家乡人血脉里的清泉，万年不枯，千年不败。戏曲生生不息唱着的，是一座城的心与魂。

黄梅戏是家乡的魂，所以黄梅戏之于宜城人便是归属。如果你在异地，你会用什么来缓解思乡之情呢？当然几张家乡的明信片或是一份土特产都是极好的，可安庆人不必，吃不上墨子酥，看不见天柱山都不打紧，只需打开一段黄梅戏，家乡的景和人就在脑海中舒展开来。哪怕相隔千里之外，那份熟悉和亲切也会温暖你在他乡的孤夜，因为家乡人的记忆尘封在黄梅戏的每一个音符里，每一个人打开都是不同的韵味，每一曲戏都是与家乡特别的联系。乡音在异乡人耳边流转环绕，就像被母亲的怀抱轻轻拥着，万水千山不再遥远。

在流行乐盛行的今天，总有人叹息，戏曲似乎已老，空留情怀。我却不以为然，庆幸在家乡的戏曲氛围下，有许多和我一样的年轻人于潜移默化间就接受了戏曲艺术的熏陶。我们懂得黄梅戏，喜爱黄梅戏，更加明白黄梅戏是家乡的标志，亦是民族的瑰宝。我们喜欢现代音乐，但歌单里一定少不了黄梅戏的一席之地；我们也许唱不出华丽的唱腔，但

学不已集

安徽师范大学文学院学生
"青年大学习"优秀作品选编

一句"树上的鸟儿成双对"张嘴就来。当我看到黄梅戏学校里大学生们趁着假期前来参加兴趣班,当我看到小朋友立志考上戏曲学院,发扬黄梅戏,我知道黄梅戏没有老,它还在与年轻的心一起蓬勃地跳动着。

其实,不仅是黄梅戏,每一种地方戏曲都是一扇窗,我们无论推开哪一扇,都会看到春意盎然的中华梨园,走进其中时,我们便沾染了一身花香,无论走到哪里都能芳香四溢,那是传统文化的古色古香,是文化自信的国色天香。

# 逛庙会

2019级　潘　昊

作为一个土生土长的北京人，在春节必不可少的一项活动就是逛庙会。庙会，又称"庙市"或"节场"。庙会风俗的兴起与流行，则与佛教寺院以及道教庙观的宗教活动有着密切的关系，但庙会风俗又是随着民间宗教信仰活动而不断发展、普及和完善起来，直至现今已经成为一种社会活动。在庙会上，不仅有民间传统文化的展示，也有各大特色美食吸引味蕾。在北京大大小小的庙会加起来差不多有近百个，但其中之最还是要数地坛、天坛、龙潭湖庙会。

以我每年最常去的地坛庙会为例，地坛庙会通常是从大年三十一直持续到初七。庙会作为全民参加的庆祝性活动，每年都是人山人海，热闹非凡，因此有了"逛庙会是人看人"的笑谈，但侧面看来也突出了逛庙会的人数之多。在庙会现场，你会看见红色灯笼挂满树的枝头，红红火火，喜气洋洋，一路上会看见琳琅满目的商品，如纯手工做出的老北京布鞋、京剧脸谱、小孩子基本人手一个的大红灯笼，也会看见许多很少见的老北京美食：卤煮、拉面、吹糖人、可以自己挑选图案的糖画，逛累了之后可以来串热气腾腾的羊肉串……这些在寒风中绝对是人间美味，闻着味道都引得人食欲大开，虽然庙会的物价比较贵，但在浓浓年味的映衬下也不值一提。在逛庙会之中我印象最深的则是体验了一把坐轿子的感觉，那是一顶四人台的小红轿子，坐在里面有纱帐挡着，朦朦胧胧看不清外面的景象，在一声"起轿"之后，轿子突然离地，我便会慌张地扶住窗框，随着轿子晃晃悠悠地向前前进。在路上会有一些特色年俗表演，如京剧、舞狮，两人组合的狮子在木桩之中不断翻滚、跳跃，真是活灵活现，在表演台之周，一群观众拍手称绝，一时之间热闹非凡。大家从地坛逛完出来基本上两手收获满满，脸上洋溢着笑容。

除了地坛庙会之外，北京还有其他大大小小的庙会，在春节期间也是备受关注，吸引无数游客纷纷前往。其中王府井庙会以其地道传统民俗、民间特色而闻名，庙会上有琳琅满目、目不暇接的手工商品，风格迥异的各地特产，丰富多彩、引人注目的传统文化表演，等等。

大观园红楼庙会的招牌活动则以元妃省亲古装表演为主，将与宝黛成亲、贾母贺寿等红楼主题节目共同在省亲别墅内大舞台演出。在春节期间更有大舞台每天表演皮影、戏曲等传统文化节目，提升游客的传统文化素养。为照顾小朋友们感受，也会在小舞台上开始表演木偶剧、儿童剧等节目，让小朋友们也可以参与其中。与此同时，在南门广场、湖心岛等地，也在轮流表演着民间花会、舞狮等传统节目。大观园红楼庙会也凭借着与众不同的表演节目，吸引无数游客纷纷来此观赏。

红螺寺祈福会则通过将民俗文化、传统节庆、寺院文化、休闲养生等丰富元素与旅游活动充分融合，推出一系列年味浓郁的节庆活动，以突出展示中国传统"福"文化特色。期间游客可以参与"敬香礼佛祈福纳祥""撞钟福音辞旧迎新""吉祥宝鼎赐福音""新春接福""五福临门迎好运"等"五福贺岁"活动。通过使用金属、绫绢等材料制作的宫灯遍布于红螺寺的各个角落，还有趣味猜灯谜活动。红螺寺特邀专业杂技团队带来了中幡、舞狮、花样轮滑，集体武术等精彩纷呈的杂技表演，陶绘彩瓷、铝编、脸谱、面人等非遗手工技艺齐聚一堂，共同喜迎新春佳节。

万丰庙会是一个与众不同的庙会，在这个庙会里主要以展示全国各地的有名小吃为主，还有一些传统民俗活动的表演，而且万丰庙会，作为为数不多在室内举办的庙会活动，可以让人躲避冬天的寒风，在温暖的室内吃玩两不误，它为大众提供了一个极好的游园活动场所。万丰庙会多是组织一些大众化的室内互动活动，像踢毽子、推铁环、抖空竹、剪纸等项目，极大增强了民众的参与感，寓教于乐。

庙会作为春节必不可少的项目，在此之中，传统文化得到了充分发扬，舞狮、京剧、杂技等表演精彩纷呈；彩瓷、面人、剪纸等非遗手工技艺齐聚一堂，春节庙会使民俗文化走进民众，贴近大众，被大众所了解。

# 传统春节文化的新时代现象

2019级　沈语杨

　　那个曾经让我们觉得特别遥远的2020年，就这样悄然而至。20年前，我们张开双臂迎接崭新的21世纪，时光飞逝，此刻，我们已经站在2020年的新起点上回首往事，眺望未来，那个中国人民向往的新时代已经到来。

　　在这个百花齐放的新时代里，我们不仅追求创新，同样也保护传统并继承发扬。无论何时，对待传统文化都要批判继承、推陈出新，要继承、创新两手抓，缺一不可。为了了解传统文化的发展现状，我利用寒假对家乡的传统文化和民风习俗进行了调研。调研结束后，我的心中不仅有欣慰还有欣喜，欣慰是因为我们几千年传承下来的传统文化依然灿烂闪耀，欣喜是因为这些传统文化不仅没有与新的时代发生冲突，反而与新时代碰撞出了不一样的火花。这无一不依赖于文化工作者的坚守传承和大胆创新，当然，如果没有广大群众的支持和鼓励，这些新时代的传统文化也不会传播发扬。我也非常幸运能够抓住这次寒假实践的机会，得以一睹传统文化和民风民俗的新风采。

　　就在年前，我和家人一同前往城隍庙置办年货，感受年味。刚下车我们就远远地看见城隍庙门口挂满的大红灯笼，可能是年节将近，市民们都会来这里置办年货，孩子们也会来这里挑选新奇的玩具。刚刚踏入城隍庙大门的那一刻，我就感觉一阵目眩——映入眼帘的尽是喜气洋洋的年货，整条大街都洋溢着过年的气氛，真是琳琅满目。每一家小店门口都是热热闹闹的：小孩子踮着脚、仰着头，肉嘟嘟的小手指着挂在店里小玩具；家长把孩子举过头顶让孩子触碰高高挂起的大红灯笼；老人们正在精心挑选着春联、灯笼和装饰品……好一派喜气祥和的气氛！近几年，大家纷纷表示年味没有小时候那么浓了，过年都没有气氛了，那是因为大家都没有想过要主动去找寻年味。如果我们都愿意主动找寻年味，那么过年的气氛就永远浓厚，而我，就在城隍庙里找到了新时代的年味。

老城隍，新活力。城隍庙的街道上方挂满了装饰，按照S型一直连续到街道的尽头，而这些装饰早已不是满大街的大红灯笼，而是小红灯笼搭配各式各样的京剧脸谱，如若全是红色的灯笼就会显得单调无趣，但是再加上各种颜色的京剧脸谱就会变得更加丰富多彩，惹得过往行人都忍不住抬起头多看几眼。庙内，原本只卖民间艺术品的场地又新建了两间小厅，厅内展览的全是市内知名艺术家的精美画作和书法作品，让充满民间气息的庙会又多了几分高雅的情趣。市民们在老城隍里能够感受到新的活力新的气象，在看庙会、置办年货的同时又能够欣赏到精美的艺术作品，岂不美哉。

老传统，新创造。传统的泥塑大多是用传统的几种颜色捏出一些小动物或者知名人物的形象，小时候，我们对这些泥塑总是爱不释手，每逢过年就吵着让爸爸妈妈给我们买。随着时代的发展，这些传统的泥塑便渐渐显得普通单调，喜爱这一门艺术的人也逐渐变少了，为了把这一门传统艺术继续传承下去，非遗传承人就开始进行创新。对于逛庙会，有一点非常有趣，那就是，孩子聚集的地方，一定最有趣。于是我们找到人群最密集的地方，便看见一个个孩子手里拿着小糖人儿或者彩塑从人群中走出来，果然，这些孩子喜爱的玩意儿是年货当中最有趣的了。再走近一瞧，可不简单啦，孩子们手中的彩塑已经不再是我们儿时喜爱的孙悟空或者小动物们了，今年是鼠年，那一根根小竹签上不仅有各种颜色各种形态的小老鼠，还有各种国内外动画片中的动画形象，有米老

学不已集

安徽师范大学文学院学生「青年大学习」优秀作品选编

鼠、小猪佩奇，等等。泥塑和彩塑艺术的传承真是多亏了这些民间传承人的创造。不妨想想，在不改变彩塑的制作形式的前提下，确实只有改变制作的内容才能让这一门艺术继承创新，紧紧跟随时代的步伐而不被淘汰。老传统，只有在新创造的润色下才能焕发新的光彩。

老艺术，新演绎。一提到戏曲，安徽人自然就会想起黄梅戏，而要庆祝春节这一个重要的节日，当然也少不了黄梅戏。我们正好赶上了城隍庙为庆祝春节而举办的庙会演出，小小的戏台下面坐满了人，外围还有很多站着观看的人们。我曾经也有过观看黄梅戏表演的经历，但是实话说，这一场演出却更让我感到震撼。传统的黄梅戏唱腔和现代歌曲的演奏完美地融合在一起，民族乐器既能演奏传统戏曲也能弹奏出现代的曲调，这样完美的碰撞和融合让老人们能享受传统文化，回味经典，又让年轻人感受潮流，体会传统与现代的碰撞，这才更能展现出新时代下的传统文化魅力。

每当我看见小孩子提着彩色带电池的小灯笼时，我就会感到非常欣喜，因为这就是传统文化的继承和创新，传统的小灯笼加上新时代的科技，才是最炫的传统风。旧事物难免要和新事物发生碰撞，但如果旧事物能够在碰撞中吸收新事物的一些元素，那么旧事物就能跟上时代的步伐，在创新中继承传统文化，也一定会让传统文化更加闪烁辉煌。

第三篇章 涵养文脉——弘扬传统文化

# 守　门

2019 级　陶　菲

老唐今晚要去见一个重要的人。

他打着矿灯，走到一家院子里，瞧见西北角有节能灯的白光，便推开虚掩的小门拐了进去。

"老周，在干什么呢？"老唐走进西北角的房间，看到了那个人。

那人放下手中的篾片和裱糊，回过身，见到了老唐。

老唐走近，拖来了旁边一把竹椅坐下，"老周啊，马上要过年啦，今年这大工程恐怕又要麻烦你了啊。"

"那不是当然的事吗？"老周摘下眼前的老花镜，"就你讲，这几个县的地方，这个扎彩还有几个人会的？我用一只手都能数过来。哪一年扎彩这些不是我做的？"老周的声音突然调高，也不知是骄傲，也不知是遗憾。

老唐短短地叹了一口气，跷起了二郎腿。"这也是没办法的事啊……"

"今年花船芯子是哪个？"老周说。

"王维发的儿子……还有李晓兰，就那个李为民儿媳妇，好像还有几个人都扛船。今年扛船的人好像比去年少了几个，听说去年有几个扛船的今年都在外地不回来过年。"老唐说。

"王维发儿子？在上海发展那个？他个条大概跟他阿大差不多长吧？"

学不已集

安徽师范大学文学院学生
"青年大学习"优秀作品选编

"大差不差。他个条长倒是不长,你这花船两面帮子要做高了还望不见他的头哩。"老唐跟老周都笑了。

老周说:"这些小青年这几年都在外面打工,一年到头就回来个十几天,好多人就你现在跟他们讲什么花挑子,什么龙灯,什么歪歪精,他们讲不定听都没听讲过,还嫌你烦……"老周一边说一边掰着手指头数起来。

"那也没办法啊,不出去在这又赚不到钱,你讲讲,现在哪个不想赚钱?"老周抓抓头。

"……"老周沉默了,老唐也半天都没有听到一个字。

过了好半天,老周扭身推开那门,进去了。再出来,老周拿着一个黑驴舞的扎彩,还有一个做好的龙灯部分骨架。老唐抓着小黄布,安静地摸了几回。那龙灯骨架刚用竹篾打编好,现只用彩纸糊裱了一遍。

"你把这些拿出去在街上玩一圈玩十圈,人家也只看个热闹,为什么? 他们是外行,只看个热闹……"老周站在那扇门前,逆着光,他脸上的表情老唐是看不清的,只听出老周似乎很无奈。

"外行看热闹,内行……才看个门道……"老唐说着。

"行了,老周,那扎彩龙灯就麻烦你了,把东西收收,早点睡觉吧,我明天喊几个人来帮你一起做,再叫篾匠打些好篾子送来。"老唐最后看了一眼那扇门,它的窄缝里泄出龙灯的光,他收回目光,打着矿灯走了。

老周把扎彩收进屋里,坐在竹椅上,看着那些色彩鲜艳的扎彩,跳蚌精舞的,跳黑驴舞的,跳花船子的,还有柴龙龙灯,他心里突然翻涌出来一种可惜,一种疼爱。他只能静静地看,轻轻地摸。

"我周德发一辈子学扎彩、做扎彩……"老周没再说下去,他望着龙灯和那些扎彩,怎么也看不清以后,怎么也说不出话来。

春节那天,跳蚌精、黑驴舞的,担花挑子的,玩花船的,舞黄龙的,一个个都架着扎彩上场了。那些扎彩始终鲜艳明亮,饱含深情。人群在黄龙出场的时候沸腾了。

他们在街上转了一圈、两圈,人群始终是热热闹闹的。

老周也在人群里，人群欢呼他也欢呼，那是他的宝贝，是他的家门。

人群里有人问："今年这些弄完，含弓戏戏班子还来搭台唱吗?"有人回答："含弓戏现在听讲没几个人唱了，今年恐怕不来了。"

老周听了愈发热情地守看着他的扎彩。

# 年味里的传统文化

2019级　韦柳娜

这个新年因为疫情，少了探亲访友、游玩聚餐，年味淡了大半，红红火火的气氛也没有往常浓厚。在往常的年里，人们最少不了的就是各类年俗活动，年俗活动的进行给春节带来了新气象、新欢乐。

## 舞　狮

记得从小到大春节里最必不可缺的活动就是舞狮祭拜以求福祉，求得新的一年顺风顺水、祥和安泰。

舞狮拜年是广西人民喜爱的传统年俗项目，从春节前夕到元宵节前后，各个社区和村镇的舞狮队都将狮子装扮一新，提前排练好狮子舞的传统表演。舞狮一般出现在春节广场的舞台上，或者游行于大街上传递洋洋喜气。也有较为传统的村庄的舞狮队秉承沿袭下来的规矩，到每家每户表演，讨些彩头、送些福气。每当听到敲锣打鼓的声音时，村民们无不打开大门恭迎舞狮队的到来，这可谓迎福。

舞狮的表演形式不算复杂，每头狮子一般由两个人合作表演，一人舞头，一人舞尾。表演者在锣鼓音乐下，装扮成狮子的样子，做出狮子的各种形态动作，活灵活现的表演极具和谐和美感。在表演过程中，舞狮者要以各种招式来表现南派武功特色，赋予舞狮生命力，有力的动作非常富有阳刚之气。

在年后疫情得到控制后我拜访了住在我家不远处的王叔。

"村子里头的舞狮队今年很闲哟，都不用上门表演啰！"舞狮队的王叔说。作为舞狮队队长，今年的清闲让他有些感叹，只道来年春节再继续表演。舞狮表演作为庙会上的重要表演项目，不仅是因为舞狮队既负责带来一年的福气财运、负责活跃气氛，让庆祝活动热热闹闹，充满欢声笑语，还是因为狮子寓意美好，寄寓了人民对来年的盼望和期待。"舞狮也不止是春节，三月三我们照样忙得很，看表演的人也多得很啦！"王叔语气颇有些自豪。

王叔家里的照片簿上是他十多年来表演的照片，有庙会舞台的，也有代表镇里去表演的。

"舞狮不是职业，是爱好。靠舞狮来赚钱，要不得。"舞狮对于大多数人而言，不能作为一项正常职业，它不够稳定，工资水平也低到不能接受，但还是让很多舞狮队的人用心去对待，兢兢业业，王叔说这是福气。

"舞狮过，鞭炮响。锣鼓打起，福气也送来了啰。"王叔用浓重的桂柳口音说道，口罩挡住了脸，但眼底是一片笑意。

## 彩调剧

往年庙会舞台必有彩调表演，或单纯叙事，或表情达意，演员情感投入，表演出彩，给观众带来视觉和文化的享受。

彩调剧俗称调子、彩调、彩灯、哪嗬嗨等，属灯戏系统，源于广西桂林地区农村歌舞，说唱衍化而成的"对子调"，后来发展范围越来越广。作为广西的极具地方特色的一种戏曲，彩调也被广西人民所喜闻乐见。

学不已集

安徽师范大学文学院学生

"青年大学习"优秀作品选编

彩调剧约500种，从形式上看有独角戏、对子调、大调戏、三小戏、出头戏、对台戏等。常见的彩调剧有《王三打鸟》《刘三姐》等。彩调剧目多以歌颂劳动、赞美爱情、描述家庭生活等为主题，有大量的口传和手抄本在民间流传。表演时采用桂柳方言，以小生、小旦、小丑（三小）等表现形式为主，而丑角和旦角的步法、转身、亮相、扇花、手花极富特色，其中尤以步法最为突出。

彩调剧深深扎根于乡村民众生活之间，形成了内容和谐、形式活泼的表演风格，自有一番人间烟火气。

彩调剧的曲调各有不同，借以表现人物性格、职业行当、心理感情。彩调剧中的脸谱，与京剧脸谱相似但又有所不同，最大众的脸谱花样是小花脸，小花脸又称白鼻子，或称粉鼻子，是在鼻子上勾画出大自然的花卉和动物的形象，如蝴蝶脸、青蛙脸、蜻蜓脸、鲤鱼脸、虾子脸、螃蟹脸、葫芦脸、桃子脸、梅花脸、蟒蛇脸、乌龟脸等，这些脸谱用在各种类型的人物身上，借以表现剧情发展和人物性格走向。

观看彩调剧是要着正装的，这是对文化传统的尊重，也是对台上演员的尊重。正月初一到十六是彩调剧进行春节表演的时间，连续十六天，演员在台上唱，观众在台下听，除非天气异常，否则时间少有改动。傍晚洗过澡，村里人整整齐齐拿着提前买好的吃食聚到小广场，开场前你一言我一语闹个不停，但彩调剧一开唱，吵吵闹闹的声音就会歇下来，村民也都全神贯注地细细看起了表演。

但随着时间过去，时代在发展，有些传统的年俗文化也在遭到挑战。以前聚在一起观看彩调剧表演的孩子已然长大，对传统的年俗活动产生了陌生，那份情结也渐渐淡去。于是，在年里，大多数年轻人选择其他更"潮"的娱乐活动，反而对传统表演越来越不看重。于是，到现在看戏的人一点点减少，能看出戏中人生的观众也在减少。

锣鼓声中春意浓，戏里人生戏外情。传统年俗不仅仅只是一份表演，更是一份寄托和情结。

# 故里百味

2019级　杨艳妮

　　余光中先生曾经写过一首诗《乡愁》，里面情味浓浓；而我曾也听过"山河无故里"，当时并未觉得如何，如今细细想来，故里正是我们魂牵梦萦的家乡，我们口中的桃花源，我们心中的那一抹挥之不去的执念。由于我们华夏民族的传统，"家乡"似乎成了每个游子心中的净土，人生百味，故里无疆。

　　鲁迅先生在《故乡》中写道："阿！这不是我二十年来时时记得的故乡？我所记得的故乡全不如此。我的故乡好得多了。但要我记起他的美丽，说出他的佳处来，却又没有影像，没有言辞了。仿佛也就如此。"这段话表达出一种矛盾却又让人觉得应该的思想，真切地表达出了那时对故乡的情感。我从小就随父母离乡务工，十几年来仅仅因外婆去世而回乡过一次。那时我才四岁，别的记不大清了，只记得那天是灰蒙蒙的，还淅淅沥沥地下着小雨，空气是雨水与泥土的涩味。后来回家读书，亲戚还以此开玩笑说过我，"你那时才那么小，什么都不懂，果真从城里回来就讲究些，嘴里一直念叨着，这地真脏真脏，全都是泥。"我想，直到我回家读书之前，我对故乡的感觉都是灰蒙蒙的，满是涩味。一个人离开父母回到故乡，当时是充满抵触感的，似乎如鲁迅先生描述的那般，我似乎算是个功利的回乡人，路途上担心家乡的条件太差，半点没有回乡的喜悦。反倒是父母一路上点评不断，言语中透露着对这片故土的

学不已集

安徽师范大学文学院学生
"青年大学习"优秀作品选编

思念。

后来，我在外地的某天，突然就明白了他们的感觉。

都说外面的繁华世界是虚伪的，月是故乡明，回到故土，才能尝到世间冷暖，人生百味。回到家乡，并没有我想象中的"破败"，村村通了水泥路，旧时的草屋此时也寻觅不见，农田上全是机械劳动作业，不时还可以看见政府补贴建造的太阳能光板用于发电。房屋没有用围墙围住，人员走动相互间打着招呼，脸上是淳朴的笑容。在老家，借些小东西不叫借，叫"行"，不用考虑好不好意思，更不要你还，就等于是一家人不说那两家话。我家的白菜长好了，送你两棵尝尝。这种简单纯粹感化了我，让我知道人间风情。

最让我着迷的便是老舍先生的《北京的春节》，里面对于腊八粥和灶王爷的描述让我难以忘怀。春节也是每个游子对于家乡思念最浓厚的时候，农村流行一句话"有钱没钱，回家过年"。父亲有兄弟姊妹五人，每年年夜饭都是最为温暖而团圆的，自我记事起是从未缺席过任何一家的。先是一大早各家把能帮忙烧饭做菜的媳妇都送去奶奶家，然后等中午我们这些只会"享福的"再慢吞吞地赶去吃饭，一路上有说有笑，父亲给我和弟弟介绍，以前这里是种满了树，这里还不是水泥路，那边原本都没人住……冬日里的太阳暖烘烘的，心里也热乎乎的。吃过午饭就到了大人的休闲时间，几个男人一桌玩起了扑克牌，一群妇女坐在院子里晒着太阳吃着瓜子花生唠家常，而我们小孩就没人看管了，一个个放飞自我似的去田里玩。城市里基本上看不见田地，我们也都很向往小说里描绘的烤红薯，大些的孩子去挖坑找能烧火的东西，小些的我们就去田里乱搞一气，觉得是一次冒险，一个个充满干劲，小脸和手被风吹得红扑扑的。

到了晚上就又是一顿盛宴，餐桌上一定要有鱼，说是年年有余。然后熬个通宵，大人搓麻将打扑克，小孩子上午疯了半天，晚上自然是乖乖窝成一堆看春晚，哪怕我长大了之后还是很期待每年春晚的小品，总是能一屋子欢笑声不断。不知谁看了看时间，说声快到点了，大人就散了麻将桌，小孩就趴在窗前准备看烟花，等到了零点，原本看似安静的街上突然就热闹了起来，灯火通明，烟花五颜六色应接不暇，还有被吓哭的小孩啼哭声与一些不害怕的孩子的尖叫与欢呼声。过年就是纯真无邪的孩子的天地与向往，因为那一天可以不用写作业，可以去见好久没见的哥哥姐姐们，可以吃到好多种好吃的糖果，可以收到红包和夸奖。虽然现在已经不准燃放烟花爆竹了，但是这个年还是热闹非凡，不知是哪个机灵小孩，一大串的气球被扎破居然也有那一丝的味道。于是一个个就鼓足了劲吹气球。把气球藏到背后，走近你然后一下子扎破，被吓得一声尖叫比气球扎破的声音还要响。

大年初一就不同了，早上要早早起床。说是新年第一天就偷懒，这一整年都会是个偷懒的人，这可难为了各位家长，昨晚熬夜通宵不知道几点才睡的觉，早上小孩子肯定死活不愿意起床，父母那可是十八般武艺才能把我们这些懒虫叫起来。对了，我们这里有压腰钱，具体是为什么我是不大清楚，我是很乐意收下这些财富的，虽然一大早就要上交，没办法据为己有。我们早饭就有了一个竞赛，叫做吃元宝，妈妈会煮水饺和年糕还有红枣，水饺里面包有元宝（一毛或五毛硬币），谁先吃到元宝，就说明今年要发大财。不过也就是图个喜气，但是不得不说我家这些年的元宝都被我爸吃去了，虽然我怀疑是因为他一个人能吃三碗的原因，但是我没办法举报他。那个抢吃饺子的劲头，真的让人啼笑皆非。年糕象征着步步高，小孩子长高学业有成，大人事业可以如芝麻开花节节高，而红枣是甜甜蜜蜜幸福美满的寓意。

春节几乎在每个中国人心中都是热闹的，都是美好的。所以，如今故乡对我来说是过年时张灯结彩的红色，红彤彤的灯笼照亮回家的路，是甜味的。

故乡也在政策下开始发展起来，也建起了小区，路上也是车水马龙，晚上也开始了有了活力。但是，小区没有围墙，更没有隔离开每个人心中的信任，最动听的也是早上洒水车的音乐，马路边的垃圾桶也有了分类标识，经济发展了起来，人们的笑容也比以往更加开怀。

学不已集

——安徽师范大学文学院学生"青年大学习"优秀作品选编

故里百味，是归乡路上紧张激动的心情，是梦里难以忘怀的一碗阳春面。

我的家乡是寿县古城，老一辈人喜欢叫它寿春，万寿无疆，春意盎然。古城墙的斑驳告诉你历史的痕迹，而城门里旧街老巷，青石子路无一不是一首清浅低吟的歌声。初见它的抵触与怀疑早已烟消云散，后来，只剩下，日久生情，久处不厌。你问我这是为何，乡愁又是何物，我张了张口，欲开口时却又不知该言何物，恐怕，这就是乡愁罢了。当局者迷，生活在故乡时不觉得如何，总有人说来旅游，我还曾笑话过，这小小县城有何可观之处，不过几处老房一圈城墙罢了；后来才知晓，旁观者清，离开它后，才发现它哪里都好，你别问我为什么，因为我就是觉得它好，因为，它是我的故乡啊！

一首歌叫《以梦为马》，歌词写道："突然有天他说他要去远方，带着他的故事离开家乡，他说，你看，这个城市已经衰老，是为什么？是为什么？人们欲望越多越得不到自由。"意思是说城市衰老他要离开家乡，但我希望，出走半生后，归来仍是少年。很久很久以后，他会回头，回到他的故乡。故里百味，人们会迷茫，会抗拒，会远走想逃离，但最后，大家都会明白，会领悟，会知道想归来，因为故乡是一杯迷人的酒，让人欲罢不能，难以忘怀。

故里百味，深入心蕾。

# 剪辫子

2019级　雍佳仪

　　放寒假刚回到家，我就被爸妈拉出去买东西。从爸妈的对话中，我大概知道，这是为庆贺表妹剪辫子做准备。

　　剪辫子是爸爸老家那边的风俗：小孩到了六岁或者十二岁的时候要选一个好日子请亲朋好友来家里做客，并且舅舅、姑姑、伯伯都要在当天中午十二点的时候用剪刀亲手把提前编好的辫子剪掉，这就是剪辫子。爸爸作为舅舅，要提前做好准备。于是我们跟着爸爸去了几家文具店买了一只书包、几支笔和几本本子，又到几家服装店里买了几件衣服和几双鞋子。我们边逛街边听爸爸讲自己小时候的生活。

　　姑姑是一个很老实很善良的人，听爸爸说，从小到大姑姑一直很照顾他。姑姑也是一个可怜的人。姑姑的家庭情况并不好：姑父是一个残疾人，每天必须拄着拐杖走路。姑姑的婆婆就只有姑父一个孩子，所以也与姑姑一家住在一起。表姐今年已经28岁了，28年，表姐对这个世界的印象可能还停留在小时候。因为表姐一出生就患有眼疾，起初还能模模糊糊地看见一些东西，可是病情逐渐加重，到现在什么都看不见了，一家人全靠姑姑一个人在厂里做工挣钱养活。大概是上天实在看不下去，也不忍心让姑姑如此辛苦了吧！表妹的到来无疑是上天赐给姑姑家最好的礼物，也是姑姑一家最大的希望。几次和姑姑视频通话，大概知道：虽然表妹今年才六岁，但是她个子已经有九岁小孩高了，从说话中，更

学不已集
——安徽师范大学文学院学生
"青年大学习"优秀作品选编

能感觉到她的聪慧。听说，表妹知道自己要剪辫子之后，虽然不知道要帮什么忙，却也十分操心，为此失眠了好几天。

　　终于到了表妹剪辫子那天，我们一家起了个大早，收拾东西出发。也不知是不是幻觉，一路上没有一点颠簸，就像是高速公路直通姑姑家一样。"下车吧，我们到了。"四个小时的车程后，我们终于到了姑姑家。我问爸爸："姑姑家呢？"爸爸指着我们面前的房子说："这就是你姑姑家。"

　　可能是太久没来过姑姑家的缘故，我对姑姑家的印象还停留在那个又黑又小还有点脏的小屋。记忆中，姑姑家只有两间简陋的说不清用泥还是用砖砌成的小房子，房间里十分阴暗，房梁上用绳子悬挂着一个被灰尘蒙住的、勉强能挤出一点光亮的照明灯。房子门口是一小块空地，自家养的鸡鸭，同村人的猫狗在这块空地上随处跑。再配上就算不下雨也满是泥泞的地面，田园色彩浓厚。谁能想到曾经的"小黑屋"现在变成了简约而又棱角分明的三层小洋房。难怪自己会有一种高速公路直通姑姑家的感觉，屋前的道路是去年新修的，十分宽阔。院子里停着一辆大卡车，平整的水泥地不像以前一样泥泞。后来问了姑姑才知道，前年当地干部积极响应国家新农村建设的号召，把之前破旧的房子拆了，政府给了补贴。又考虑到姑姑家的情况，补贴的钱自然就多了一点，姑姑就是用这补贴的钱新盖的楼房。

　　突然，音乐声响起。院子原本停放的那辆大卡车已经摆好了舞台，几个人在舞台上边唱边跳。仔细一看，在舞台靠后的地方，还有几个人仔细擦拭着唢呐，整装待发。看看时间，刚好十一点半。好像所有人都开始忙活起来，有的人拿着随礼的钱到记账人那登记，有的人到院子里布置桌子，把桌布、餐具摆好，有的人边嗑瓜子边相互寒暄，提前给彼此送上新年祝福。爸爸跑到旁边的小卖部买了几盒糕点。我找到表妹，拿出前一天刚买的新衣服让她换上。表妹背上书包，坐在屋子正中间的凳子上。爸爸赶了回来，把刚买的糕点和早就买好的笔和本子放在表妹面前的盆里，这叫步步高升。寓意表妹学习成绩优异，生活越来越好。

到了十二点，剪辫子方才正式开始。屋外的音乐声切换成了喜庆的唢呐声，小孩子开始哄抢表妹面前的糕点和糖果，爸爸和其他长辈绕到表妹身后，分别用剪刀把早早编好的几个小辫子剪掉，剪掉后给表妹一个红包表示庆贺。到这里，剪辫子算是进行一半了，接下来是让宾客落座，大家一起在院子里吃饭、唠家常。

之前只听说过有男孩子在头后面留一缕燕尾辫的风俗，但是给女孩子剪辫子，我还是第一次听说。正巧今年上了大学，放假不像高中时那么晚，又赶上表妹剪辫子，趁这个机会我熟悉了剪辫子这一风俗。有很多人说，这些风俗是没有意义的，应该去除。可是我认为，正是这些风俗使人们的联系更加紧密，为人们交往提供了一个良好的契机。而我们青少年不应仅仅埋头手机与课本，应该多多实践，多了解一下中国传统文化。

青年有信仰，奋斗新时代。我们作为新时代的新青年，更要成为一名中华优秀传统文化的传播者和弘扬者，而这一切要从熟悉和了解当地民风民俗开始。

# 人　间

2019级　查温馨

天色渐暗，冬天昼短夜长。萧瑟的风，冬风飒飒地吹着。我紧了紧外套，远远地看见外公回来吃晚饭了。

"当，当，当……"外公又敲锣打鼓地回来了，脱下一身装备又将锣摆好，踱到水池旁洗手，洗好手后，外婆便喊开饭了。

"真是一年不如一年了，本来每年舞狮这活儿是交给我的"，外公一边扒饭一边无奈地抱怨着，外公真是越老越可爱。的确外公年岁大了，想挑着大梁却力不从心了。"馨儿上大学了许久不回家，想着让你回来看看我舞狮，唉，今年却没机会喽。""外公没事儿的，以前我不是每年都看嘛，今年看你打锣不也一样嘛，还能看看您老人家打锣的实力。"正说着小姨夫轻快地跑进来，嘴巴还冒着油，想是吃了饭还没擦嘴巴，我不禁笑出声来，小姨夫这才注意到我，憨憨地笑起来，"馨儿也回来了啊。""嗯，今天刚到家。"

"再等等，我马上就吃好了。"外公火急火燎地对小姨夫说，又狼吞虎咽地扒着饭。"慢点慢点，又不差这一时半会儿，把胃再给弄坏了可没人管你呀。"外婆翻着白眼，斜睨着外公。"好……我吃好啦。强子，咱们走吧……馨儿要不要去看看我们训练啊？"外公眼里放光，神采奕奕地看下我。"好啊，我和你们一块儿。"我帮外公提上锣，拿上道具，一起走向门外的大道。

"今年是你小姨夫来舞狮头呢，他身材轻盈个子小，适合！"外公和我闲聊着，小姨夫摸摸头好奇地向我挑了挑眉。"厉害啊，小姨夫。""嗯，他舞得也不错，这玩意儿也没啥技巧，就是要多练。"外公赞许地拍了拍小姨夫的肩头，"干啥事儿都一样，只要肯下功夫就一定能办好。"

边说着就到了村委会的大广场了，这里健身设施齐全，平常总有老头老太太们跳跳广场舞啊，健健身啊，或者聚在一圈闲聊八卦什么的。这不春节即将来临，这块场地，大家也都识趣地让给了舞狮大队了。"可算来了，就是你们俩喽，大家伙儿都急死啦！"狗屎叔看到外公和小姨夫后急匆匆地说，赶紧把他俩拉到了队伍里去。"馨儿你也来啦，说下回找你聊天儿哈，现在有点儿忙哩……""没事儿，你们去训练吧，我在旁边看着。"我向狗屎叔摆摆手，让他不用在意我。说到这狗屎叔的名字，明明想来我都忍俊不禁，记得小时候笑话他这名字时外公还好几次"恶狠狠"地敲我的头，"贱名好养活，你懂啥啊。"我摸摸头向外公哼了一声赶紧跑开……

舞狮大队里大部分都是村里的老一辈，七八个老汉负责敲锣打鼓，还有四个稍年轻的舞狮，这打锣打鼓还可以，舞狮可就累了，虽说村里舞狮不过讨个喜头，动作难度并不高，但这一直上蹿下跳，跑来跑去真够呛人的，没一会儿就看到小姨夫和另外几个舞狮的大汗淋漓了。

第二天，舞狮大队要开始挨家挨户地表演了。外公天不亮又抱着自己的小锣和大队汇合去了。只见他们早已穿上红红的大灯笼裤，头顶也戴着红彤彤喜人的帽子，前面还有几个孩子凑热闹拿着舞狮牌匾。舞狮大队便大摇大摆、轰轰烈烈地出发了。舞狮大队要赶在春节前到村里的每家每户，保证每人都能沾上狮子的好运气。来到主人家，一些调皮难磨的主人还会将烟啊酒啊打赏给狮子之类的东西放到较高的地方，让狮子跳得更高，以此来讨个好彩头。当然了，这些打赏的东西最后还是到了舞狮大队的手里，也算是给他们的辛苦费了。

每晚舞狮大队在走访完村民的家后，聚餐唠嗑儿休闲。今晚到了外婆家，热情勤劳的外婆也早早准备上了一大桌秀色可餐的美食。这值得

学不已集

安徽师范大学文学院学生
"青年大学习"优秀作品选编

一提的还要数冬笋了，它们是竹子的嫩芽，埋在厚厚的土壤里，找寻他们还是需要一定的技巧和耐心的。外婆亲自上山千辛万苦找回来，再将它们厚厚的外衣扒掉，就剩下白嫩嫩的内心儿了。冬笋的做法多样，既能炒也能炖，和肉食搭配更宜、口味更佳。外婆常说以前日子苦能吃上些冬笋就要开心上好久，如今到了新时代，在党的领导下老百姓都过上了好日子。日子也没有以前那么苦了，但对冬笋的热爱依旧不减，冬笋还是常常成为人们餐桌的美味佳肴。

饭桌上舞狮大队细细品着小酒，咬着嘎嘣嘎嘣的冬笋，大声谈论着，热闹非凡。窗外依旧是冬日里的大风，萧瑟地刮着。但屋内仍点着暖暖的灯，因为马上要过年了啊！

# 温　暖

2019级　周玉凤

## 大年三十　清晨5:13

天还是黑的，月亮斜缀在天边。一个老婆婆一边穿衣，一边嘀嘀咕咕："唉呀，这过年天这么冷，小鸡昨天晚上也不晓得有没有冻着啊？昨天孩子讲要回来了，不晓得下午能不能到啊？这天冷，被套要给他们提前铺好，再杀两只鸡给小孩子们吃……"老婆婆一边叨叨咕咕，一边摸黑进进出出。屋里似乎还躺着个人，好似也被吵醒，打开了电视机，嘈杂的声音霎时充满了房间。明明还很早，屋外也是一片漆黑，但对这两位老人来说，一天已经开始了。

门外狗子听到声音，立马机警地狂吠。远近的犬吠声，鸡鸣声，渐渐叫醒了天和这个村子……

## 早上6:50

老婆婆简单地将昨晚剩的饭菜热了热，端回了房间。两个大包子，两大碗白粥，这就是他们两位的早餐。两人在沉默中，就着新闻的声音吃完了早饭。老婆婆一手端着吃完粥的碗，一手沿路扶着墙，又摸去了厨房，将剩下的粥全部盛出，倒入了锁在门口乱吠的大黄狗的狗盆里。

大狗立刻哐哧哐哧吃了起来。就见老婆婆将锅碗刷了，将鸡喂了，把门关了，叮嘱了屋里老头之后，骑着个小三轮就出门了。一路颠颠晃晃，东边刚刚升起的太阳将她的身影晕染成了一幅油彩，呜呜的三轮声，飘荡在田野间，小路上。

7:24

街上竟然已经有了不少人，卖菜的，卖肉的，还有许多卖红灯笼卖对联的，熙熙攘攘，都摆在道路两边。老婆婆似乎和这些小商小贩都认识，卖鱼的老板热情地招呼她："哟，阿婆，今天来这么早啊，你家闺女儿子回来没有？要不买条鱼回去烧汤喝，我这鱼都是自家塘里养的，新鲜得很，早上才打起来的。"老婆婆看了看鱼，一边跟老板寒暄，一边挑了一只鱼，等老板把鱼处理干净了还倚在车上和老板不断寒暄，待到老板摊前人渐多才恋恋不舍地离去。左右穿梭又拐去了下一个摊前。一个转眼，一上午就过去了，日头渐高，老婆婆骑着电轮晃晃悠悠地往回驶去。

10:46

刚到家的老婆婆就开始忙活，杀鸡，放血，拔毛，剖肚，开膛。虽然老婆婆身躯肥胖，看着行动迟缓，但是干起活来还是利利索索，一点也不含糊。快到晌午，才站起身去厨房随便煮了饭，端出剩菜、咸菜，和老头子一起随意吃了一顿。电视上好像还在说着什么新闻，不过老婆婆不管，也看不懂，她只晓得，她可爱的孙子孙女今天下午能到家，她要做些好的给小孩子吃。这样想着，她又加快了吃饭的速度，一边还叨叨咕咕，让老头子吃快点好收拾碗筷。

13:43

没想到，处理鸡就处理了一中午，老婆婆还想烧红烧肉。这可是她特意去老吴家买的，他们家的肉向来新鲜，也贵。为了不耽误，她一个人绕着锅台来回转悠，一会儿添柴，一会儿翻菜。大冬天的，却闷出了一背的汗。主菜都备好了，就差红烧肉了，老婆婆把肉放进去，又特意添了一大锅水，就守在灶台前，准备用硬柴火，慢慢炖，把肉炖烂了。却没想，老婆婆看火看着看着，竟打起了瞌睡，头一点一点的，双眼朦朦胧胧。"啪"的一声，爆裂开的劈柴声将她惊醒。老婆婆一个激灵，赶忙起身看看水有没有烧干，复又蹲守回灶台前。

15：57

突然，熟悉的茉莉花的音乐响起，我知道，是老爸老妈在给爷爷奶奶打电话了。果然，对面很快就接了起来。"歪，可是月子（我妈的名字）啊？你们回来了没有啊？我菜都烧好了，就等你们回来了……"我奶奶粗粝的嗓门立刻传了过来，对面似乎还有隐隐约约的鞭炮声，把奶奶的大嗓门遮掩得虚虚实实。可惜，让奶奶失望了，我们暂时还回不去，因为这两天，新闻上开始报道一种病情，似乎隐隐有扩大的趋势，所以我爸妈还在犹豫要不要回去。当我爸妈把事说了以后，对面奶奶嗓门立刻比平时还大了一倍，"怎么可能，我们这个小地方，怎么会有那种东西啊，没事的，你们快回来啊，我们这边什么都没有……"但是，似乎还有爷爷的声音，两个人好像在争辩什么。最后，爷爷让我们放宽心，今年就别回去了，这样安全一点，然后没说多少就挂了。

18：03

天还是一片漆黑，远近不断响起犬吠，车窗外不断向后倒退的田野标志着我们来到了奶奶家。终于，车在经历了一长段的颠簸后停了下来。我和弟弟跑得快，先来到爷爷奶奶家，门口拴着的黄狗惊动了屋里的爷爷奶奶。推门而入，爷爷奶奶正围坐在大堂的桌子前，面前是满桌的佳肴。

0：00

躺在被窝里，听着房间外老爸老妈爷爷奶奶的唠嗑，还有屋外此起彼伏炸起的烟花声，我突然感觉到了家的温暖……

# 永不消逝的中国年

2019级　黄祉璇

爆竹除旧岁，新桃换旧符。白色和红色交映，就是记忆里最工整的年味。

今年虽然过了个特殊的春节，但也正因如此，我们也越想念那年味年俗。

我们这里过年，家家户户都要吃炒米。所谓炒米就是把泡发的糯米放在滚烫的铁锅上翻炒，使其膨胀、变色，散发出焦香味。洁白的米粒在铁锅上翻滚沸腾着，披上金黄色的铠甲。这时候为了让每个米粒都均匀受热，主妇们都会用一种竹刷在锅里打转。当纯粹的米香味散发出来，就是该出锅的时候了。年底做炒米时，往往会炒上几大锅，等到冷却后放进袋子里封存。一碗热腾腾的鸡汤，撒上葱花和一把炒米，就是最地道的吃法。金黄的油花和金黄的炒米浮在表面，倒映着翠绿的葱末，让人食欲大动。静置片刻，让炒米吸收满鸡汤的汤汁，才是最佳的食用方式。牙口好的少泡一会，喜欢软的多泡一会，包容万千的道理就藏在这一碗小小的鸡汤泡炒米中。

我们家一年才能吃到一次的美食还有炸肉丸。虽然食材并不珍贵，但是费时费力。平时家里不会做炸肉丸，而街上买到的总不比家里好。拌好一盆肉馅，烧上一锅热油，手握一把肉馅，轻轻地一挤，虎口处就能滚出来一个浑圆的肉丸子。用铁勺下入锅里，刺啦刺啦的声音，勾人的香气，就从此刻此处蔓延开来。小孩子们总是专注地在旁边看着，等着刚出锅的第一拨炸肉丸。吃上几个大肉丸，往往就会饱，但我们还是继续把肚子塞满，因为热气腾腾的炸肉丸，只有这时候能吃到。刚从油锅里捞出来的肉丸，总是要比微波炉里转出来的好吃。除了纯肉丸子，有时还会在肉馅里加入糯米、胡萝卜、藕或豆腐之类的，丰富了口感的层次。炸好的肉丸放在一个大铁盆里冷却，然后扎进袋子里，放进冰箱。下次拿出来时，或煎或蒸或煮或炒，都是另一种美味。

过年必不可少的就是放鞭炮，从除夕之后就不歇息。还记得小时候，爸爸妈妈说了年这个怪兽的故事，我深深地相信着。毕竟除夕噼里啪啦的鞭炮太吵了，还会发光、乱溅。那个初一，爸妈在门口点了一大串炮仗，然后就进屋了。他们以为我在屋里，就把门给落了锁。我一个人在门口使劲敲门，可小孩的力气怎能赛过鞭炮的响声。我在门口又惊又怕，快哭了出来，因为我怕年就在外面，鞭炮放完了就要来吃我了。爸妈开门后，发现我一直坐在门口哭。我因为被吓慒了也没说出个所以然，但这个童年阴影一直留在脑子里，至今还能记起那种心悸害怕的感觉。

年末一阵拜年忙活完了后，就快到元宵节了。在初九初十这些天，我们家会去看舞龙灯。龙灯是纸糊的，每截色彩斑斓的龙身里都放着一根蜡烛，我一直很好奇，为什么蜡烛不会把纸给烧着。龙身下面装的是根木杆，供人舞龙时控制。最威风的还要数龙头，不仅体积巨大，而且也更亮堂。龙的嘴巴下面还有用线做的一根一根淡黄色的胡须。舞龙每舞到一户人家，就会收到一根从龙头上拔下的胡须。相传龙的胡须会给人带来好运，很多人都把这种胡须做成链子，戴在手腕上，每年更换一次。舞龙也是个费力气的活，要从年后舞到十五不停歇，每晚都要连走带跳个十几里路。终于到了元宵节，舞龙的人会把纸龙给烧了。龙灯队一百多号人齐聚一起，点燃龙灯，寓意化龙升天，祈福新年风调雨顺、幸福安康。

新旧交替之际，人们不厌其烦地准备着繁琐的食物和活动。小到油盐姜蒜，大到祭祖祈福，都透露出对食物的尊重，对生活的敬畏。造型

学不已集

——安徽师范大学文学院学生
「青年大学习」优秀作品选编

别致的食物不会改变味道，但会让做菜的过程充满仪式感，让吃菜的人更加幸福和珍惜。新年的特别就在于我们和家人情感的维系以及对来年的美好祝愿，这种感情朴素而真挚。

时光流转，年味逐渐消逝。因为科技水平和生活水平的提高淡化了春节的特殊性。本应在年末才能吃上的佳肴，平日就可以买到；本应农闲才有精力去做的食物，机器可以更快更好地完成；本应年末才有的各样的仪式，却在传承中褪色……

四方食事，不过一碗人间烟火。炸肉丸汁水四溅，炒米鸡汤鲜香浓郁，舞龙灯热闹非凡。将相思祈愿寄明月、寄天地、敬祖先、敬神明。年味年俗背后，是满溢的人情味儿。

引用纪录片《舌尖上的新年》的解说词作结尾："春节，或许终有一天会淡化为日历上的一个寻常符号，定格为记忆里的一种颜色。然而，黄河九曲回转，生活永远向前。只要不变的时节如期而至，新年，就依旧会在中国人的餐桌上浓墨重彩地绽放。"

# 在庙会的年味中寻找童年

2019级　吴天舒

　　翻一翻日历，再过几天就要到除夕了。十年人事几番新，如今已褪了色的新年，少了很多昔日的喧嚣与热闹，于我已无太大吸引力。放在十多年前，那街上可谓人头攒动，车水马龙，光是摆年货卖对联挂灯笼的小摊儿，就红红火火地为春节增添了不少"年味儿"。但细细想来，节日里最让我翘首以盼的，还是那城隍庙里的庙会。

　　说起庙会，如果没有亲身参与过的话，很多人的第一反应，大多是鲁迅先生在作品中的描述。我也曾常常对先生笔下的庙会抱有极大的憧憬，搭台子唱大戏，在街上游行，吆喝、喧闹、喝彩声夹杂在一起，此起彼伏，令人心驰神往。但如今，想要体验一把真正的庙会，是不太容易了，至少在城市里是一个可望而不可即的梦。偶有几年，也有"庙会"宣传举办，看了过后却大感失望，所谓"庙会"，不过是冰冷商业推广的外皮，有了商业化的冰冷，又何谈过年时的烟火气息与人情呢？

　　然而，有一个地方除外，那就是城隍庙。虽然这么多年它也未能避开城市化商业化的侵袭，演变成了小商品批发市场，但是由于藏身在老城区的一隅，它还是保留了些许岁月的痕迹。从腊月二十八开始，小贩们陆陆续续撤摊关门准备过年，在别的地儿，这可能是即将冷清的信号，但在这一小片地方，可是热闹的开始。

　　还记得小时候的大年初一，当我再次踏入城隍庙时，一切与原来都不一样了。灯笼早已挂了起来，中国结的流苏在风中轻轻地摇晃。最有趣的是，每一个小巷子里，都悬挂了许多五彩斑斓的小细绳，绳子上挂了许多小彩纸，每一张纸上都用毛笔写着一个字谜。据说，那些字谜都是社区里的老人们自发组织写上去的。早上的活动，猜灯谜占了主角儿。你只要能把那些谜语猜对，便可以兑换到小奖品，大多是圆珠笔、橡皮泥之类的。虽然不是什么稀罕物件，却可以让小小的我收获巨大的满足感。主街道的两边摆了很多长椅长桌，邻里街坊的闲聊声、嗑瓜子声、打牌声、搓麻将声交织在一起，好不热闹！外乡人都回去过年和家人团聚了，留在这里的，大多是老合肥人，有些老人还开玩笑自称为"合肥土著"。这样的场景可以持续很久，欢声笑语，为春节增添许多亮色。

到了下午，有人会忽然吆喝一声：要开戏啦！这时，长凳上的所有人，都会争先恐后地奔向庙口。戏台子不知不觉已经搭好，演员们也都穿好了衣服化好了妆。人们都争着往前，生怕挤到后面只能看后脑勺儿。偶有孩子因为看不到而吵闹哭泣，大人只好将其扛在肩头。别看现在这样吵，音响里音乐一出，演员水袖一摆，唱腔一起，台下就会瞬间安静。

"为救李郎离家园，谁料皇榜中状元。"

"树上的鸟儿成双对，绿水青山带笑颜。"

"好！好！"几曲唱罢，台下的欢呼声久久不绝。有些演员年龄还很小呢，甚至是第一次登台演出，面对喝彩声不免羞涩，便开始下一段演唱。平常对戏曲鲜少问津的年轻人，此时也会被现场浓烈的氛围所感染，兴致上来还会登台一展歌喉呢。孩子们更是倍感新鲜，瞪大了眼珠目不转睛地盯着台上。中间休息的时候，有些精明的小贩便会再做一些生意，不过兜售的都是一些小玩意儿，或是哄孩子的茶果、糖葫芦之类。演员登台献唱结束后，舞台便又交给了大家，只要你愿意上去，你便可以展示自己，大家并不认识彼此，但是难得过年，共聚一起，开心那是肯定的。

到了傍晚，人群便渐渐散去。油烟机开始冒烟，老屋的旧窗里开始飘出饭菜的香味儿。白天里热闹的街道开始恢复安静，不过，大多数人，都会把这一年里难得的经历，记在心里。

　　今年，由于疫情的影响，庙会，肯定是不会出现了。其实上述经历也仅仅存在于我的印象之中，中学时繁重的学业也让我有好几年没去感受一下这难以寻觅的庙会和年味儿了。我只祈盼，在来年，在疫情结束后的来年，可以再去一次城隍庙，再去感受一下庙会的热闹。故地重游，哪怕今非昔比，我也依旧渴望找到一丝儿时的记忆。

# 细数年味里的温情

2019级　张梦竹

　　"兴亡千古繁华梦，诗意倦天涯。孔林乔木，吴宫蔓草，楚庙寒鸦。数间茅舍，藏书万卷，投老村家。山中何事？松花酿酒，春水煎茶。"松花酿酒、春水煎茶的意境，古时已有，这样的清浅悠长是国人所独有的。哪怕时过境迁，人们生活节奏不断加快，普遍重视物质生活的现在也依旧有不少人愿意放慢脚步，在春天泡一杯茶，冬天酿一杯酒。一个地方的文化传统不会随着时间流逝而消失，而会在一代代人的传承中展现出深厚的古韵和新生的活力。

　　随着厚厚的红布日历一天天变薄，人们一年当中最期待的新年就要到了。回老家乘车路过田地时，偶尔能看见三三两两的农民赶着车，唱几嗓子民歌："唱响歌嘞，农歌响来到新年，犁耕年来丰收地，一寸浅了、两寸浅了，寸寸到底庄稼肥唉。"在安徽，过去多年来的民间传统尚保留完好，特别是年俗文化，从腊月节的扫尘，到除夕夜的守岁，再到大年初一的挨户拜年，每一个环节都保留着那样朴实、温暖的喜庆。每次提起家乡的年味我都如数家珍，因为它留下的回忆又多又明晰，始终是一团鲜亮的红色，像老煤炉里细细烧着的火。

　　要说过年的规矩可真不少，家乡的年味，就从这些"规矩"开始。我记忆里除夕夜的守岁像是一幕长帘，隔开了旧的一年发生的种种，你走进去坐下，等待着崭新的一年。在我们这边的人家里守岁又叫做守岁火，常常是在大厅里点上蜡烛，照得亮堂堂的，几个屋子通宵不灭，此所谓"照耗虚"，祈求来年家中财富充实。之后一家人围坐在桌子旁吃柿饼，喝粥或茶，大人们喝点酒，一起谈谈心，聊聊家常，这样的活动一直持续到天微微亮。不过我们小孩子熬不住夜，常常还未到夜深就已经困得不行，由大人抱着送到里屋去睡了。回想起当时，躺在暖和坚实的木头床上，门虚掩着，还能隐约听见纱门外大人聊天喝酒，看见大堂的蜡烛晃着柔和的光。想着第二天许许多多好吃的好玩的，就在这样一种舒适又安心的时刻睡过去了。那时我大概七八岁。

大年三十可就是最热闹的了，不管是大人还是小孩，这一天都奔来跑去，一刻也不得闲。大清早起来，我得和爷爷一起贴春联，老家的门是铁门，门上有一对环和许多凹凸不平的铁疙瘩，平日里总是显得威严冷清。我睡意蒙眬地裹上厚衣服走到门外，帮爷爷搅和浆糊，白色的黏糊糊的浆糊也很好玩，用小铲抹了涂在对联上，"啪"的一声贴到门上，铁门便会发出一声沉闷的响。往往要重复好几次才能把对联贴得端端正正，服服帖帖。有了红对联之后的铁门看起来温情又喜庆，简单的红色长幅和金色字迹是年味里不可缺少的红火开端。再之后啊，是正午的鞭炮和走街串巷，到了晚上，酒足饭饱的大人看春节晚会，我们则跑出去放祈天灯。风力正好的时候，点燃托盘上的蜡，借着风托着灯慢慢扬起，紧张地等待着。天灯脱手的一刹那整个心都是喜悦的，每个孩子都紧紧盯着自己的天灯，看着红光飘向夜空，成为遥远的一颗星星。在大年三十的晚上往往会有很多人一起放天灯，所以场景格外美。烛火浮在夜空里，比银河更近更绚丽，每只灯都带着美好的心愿，从夜晚飘向白天，从旧的一年飘向新的一年。

除了守夜、拜年、放天灯之外，家乡的春节还有一个习俗——祭祖。大年初三，一家子都早早地起了到正堂的牌位前，端上酒、馔盒、胙肉、蔬果，长辈和小辈依次捧一柱香、敬一杯酒。烟雾缭绕中先祖的牌位静静伫立，带着福祉注视着我们这些后辈的一生。

我常常想，如果没有先祖流传下来的这些传统，那么我们的春节是

学不已集

安徽师范大学文学院学生
"青年大学习"优秀作品选编

否还能称之为春节？这些民俗看似老旧，实际上每一年都会有新的东西出现，每一年都会在传统的基础上发生变化。民风民俗不是具体的物质遗产，不会因为搭建一座房子将它们保存着就永远存在。如果我们遗忘了它们，它们就会消失。民俗是一种精神上的寄托，我们将美好的记忆、古老的历史寄托在它们身上，它们同样把传统文化的精神内核寄托给我们。我们应当承担着古老悠长的精神内核，不认为其"老旧落后"，而是牢记自己作为新时代新青年的使命：学习，传承，奋进。

第三篇章　涵养文脉——弘扬传统文化

# 合　欢

2018级　周丽娟

爆竹燃醒沉睡的村庄

岩上青石撒满红花

弹指一挥间儿时玩伴已成人

门前庭院

屋后炊烟

团聚合欢和饺子

寓意吉祥的年糕

记忆深处的美味

美好故事的追忆

融进的是文化传承

牵动的是游子的心

天涯海角的默契

心有灵犀的感应

披星戴月的时光荏苒

离愁别苦的心绪飘飞

在这红红火火的年节里

再次相连

伴笙歌看灯火阑珊

人们的心像合欢花一样满树盛开

回忆的味

牵挂的人

都在烟波里久违的故乡

寒梅落尽把冬送

归来燕儿再离巢

这就是年

倾的是合欢

诉的是离愁

# 第四篇章

## 浸润心灵——品读文学经典

"腹中贮书一万卷"是当代大学生秉持一生的治学追求。如若不读书,虽不至于言语无味、面目可憎,但至少会浮现"书到用时方恨少"的羞窘。虽不必苛求大学生文学经典的陶冶文思泉涌、倚马可待,但至少在"悦"读时与寂寞圣贤能见字如晤,颇有会心一笑的情感触动;如斯,不求青林黑塞寻知己,但求一隅书房宁静处、一盏明灯荧荧下、一捧香茗氤氲中的一卷诗书作伴,便觉此即心安处。

# 城人之美

## ——读《边城》有感

2018级　杜岳龙

一个小山村，有着怎样的动人故事？一个船夫和他的孙女又有着怎样的人生经历？

十七年的故事，一直都是那么平平淡淡，女孩和他的爷爷一如既往地摆渡他人，直到有一天，女孩遇到了城里的男子，两人交换了一世的誓言。男子临走的依依不舍换来了翠翠的要等你一辈子。

看惯了车水马龙，看惯了灯红酒绿的都市，再看一眼那自然清晰的边城，自然觉得很是舒畅，渡人的篷船，临水的码头，山风吹拂着望眼无尽的翠竹。空气中混着泥土的芳馨，容我贪婪地呼吸这山间给我带来的前所未有的芬芳。没有了城市的喧闹，安安静静地听涓涓细流，远处传来悦耳的山歌声，一切竟是那么美妙。"爷爷，爷爷！"翠翠的呼喊声将我们带到了边城。

这个小山城有一个单独的小溪，小溪旁有个白塔，白塔下有一户人家，一个老人和他的孙女住在这里，女孩的身边也常常跟着一只大黄狗。也就是在这么一个风景优美的小山村里，孕育了最朴实的人们和最美妙的风景画。边城里的人情味如酒一般虽浓厚但也很醇香，更是清澈可见。为了过渡钱的争执，大捆大捆的烟草，已经沏好的茶。那并不是一点小小的恩惠，那是边城人的淳朴的内心。小伙子端午龙舟竞赛，捉鸭子，没有任何的等级观念，完全凭着实力取胜。小伙子的嬉笑怒骂以及俏皮话无不彰显出淳朴自然的民风。

正是端午的赶鸭子，翠翠和二老相识了，初次的见面在一片笑骂声中结束了，大老和二老，两个边城的优秀青年，爱上了同一个女孩。兄弟俩没有反目成仇，没有勾心斗角。两人的对决也是通过最质朴的方法——唱歌来解决。唱罢，大老已知命运，决然出走。可以算是美丽的遗憾吧，而最终的意外死亡可以说是此文的一种悲剧，平添了一份忧伤与哀愁。我们并不知道翠翠的明天，不知道边城的未来，而这十几年的边城却成为永恒美好的记忆。每个人的心里都有属于自己的边城，可能是让自己魂牵梦绕的家乡，可能是心爱的那个他（她）。总之生活就是这样，有美好也有着遗憾。我们是不是可以换一种心态将其变成美丽的遗憾呢。

"这个人也许永远不会来了，也许明天回来"，给人想象却又透露着另一种别样的悲哀，请记住，有一个身影，"TA"还是在守候。

边城的故事似乎到这就结束了，一切却还是如此地让人回味，在我看来，结局成就了边城，这里的每一分每一秒都让人感到无比的亲切与舒畅。或许很多人会羡慕这个小村落里的人，他们不受拘束，他们自由自在，他们有着自己的生活，活在一个不受外界干扰的世外桃源。正如我前文提到了结局成就了边城。而从故事的开始，因为有这么一座城，傩送和天宝爱上了同一个女孩，而在这城中的一切发生得如此的自然，在书中我们看不见丁点人为的干预，一切都是那么自然，随着性子和自然的意志一步步地向下发展。兄弟俩的死亡给边城蒙上了一层忧郁的面纱，但这一切恰好是兄弟情深的体现，也是爱情——这人性中最美好的感情不含任何杂质的展现，没有任何的勾心斗角，没有所谓的伤心欲绝。他们只是在心中默念什么是属于他的，而什么是注定得不到的。所以结尾虽看上去是小城的悲剧，反而恰恰是遵循了人性的美好与自然，为了最美好的东西而做出了正确的选择，虽然说结果并不完美，但过程无比美好。我们看不见造作，看不见张爱玲小说里城市的可怕和毁灭。这里倒是处处氤氲着人性的质朴和善良的光辉。

学不已集

安徽师范大学文学院学生
「青年大学习」优秀作品选编

沈从文先生给我们描绘的不仅仅是一个美好的乡村世界，在我看来这更是每个人内心中无与伦比的理想世界，这里没有压迫没有剥削，没有人性中的阴暗面，有的只是美好的纯真善良。这里的每一个人每天都有着明媚的微笑，即使烦恼也不过是幸福烦恼。这里不只是边城，这里更像中国所独有的想象中的乌托邦。理想化的城市带给我们的无尽的遐想，让我们在喧闹的世界中有一份属于自己的美好。

　　每个人的心中都会有一个翠翠与自己心爱的小狗在船头玩耍，当她水灵灵的眸子望向你时，似乎耳边就有了那一声"爷爷，来客家咯"。

第四篇章　浸润心灵——品读文学经典

# 从经典中汲取营养

2018级　胡　越

　　"一颗纯洁、正直、真诚、高尚的灵魂，尽管有时会遭受到意想不到的磨难、污辱、迫害，陷入到似乎不齿于人群的绝境，而最后真实的光不能永远湮灭，还是要为大家所认识，使它的光焰照彻人间，得到它应该得到的尊敬和爱。"这是《傅雷家书·代序》的一段话，看到这里时，我立刻记了下来。直到今天，这段文字依然留在我的笔记本里，每当翻到这一页，我还是会被它深深触动。刚开始读傅雷家书的时候，我带着一丝不耐烦。直到我渐渐地融入傅雷夫妇的教育方式，我才真正读懂了他们的爱与担当。

　　傅雷夫妇是中国父母的典范，他们用自己独特的方法培养着两个孩子：傅聪和傅敏。这本书，不是普通的家书，而是浓浓父爱的倾注，同时，也是对千千万万家长和孩子们的警示。

　　父亲傅雷对当今中外的文学、音乐、绘画涉猎广泛，研究精深，个人的文化修养极高。而他培养的对象又是从小接受良好的家庭教育，成长为国际大师的儿子傅聪。他深刻懂得，艺术即使是像钢琴演奏也需要严格的技术因素，但绝不是"手艺"，而是全身心、全人格的体现。他教育儿子说：我始终认为弄学问也好，弄艺术也好，顶要紧的是"人"，要把一个"人"尽量发展，没成为艺术家之前，先要学做人，否则那种某某家无论如何高明，也不会对人类有多大的贡献。一个纯粹投身艺术的人，他除了艺术和个人的人格，已别无所求。他在给儿子傅聪的信里，这样说：长篇累牍地给你写信，不是空唠叨，不是莫名其妙的，而是有好几种作用的。第一，我的确把你当作一个讨论艺术、讨论音乐的对手；第二，极想激出你一些青年人的感想，让我做父亲的得些新鲜养料。同时也可以间接传布给别的青年；第三，借通信训练你的不但是文笔，而尤其是你的思想；第四，我想时时刻刻随处给你做个警钟，做面"忠实的镜子"，不论在做人方面……贯穿全部家书的情谊，是要儿子知道国家的荣辱，艺术的尊严，能够用严肃的态度对待一切，做一个"德艺具备、人格卓越的艺术家"。这也深深令我感到震撼！

我想，这不但是一部最好的艺术修养读物，这也是一部充满着父爱的苦心孤诣、呕心沥血的教子篇。

这让我不禁想到了我的父亲，在我眼里，父亲的爱，是沉沉甸甸的，不会直接表达，有时倒觉得是在惩罚。我的父亲是一名人民警察，是个不善于言辞的人，在平时的生活中，他总是喜欢板着一张脸，像是要让人觉得威严。他不会说爱我，更不会用言语去关心我，我曾经一度以为他并不爱我。直到我读傅雷家书的时候，我发自内心地感受到，父亲对我的爱，是一种深沉、含蓄的爱，这种爱，可能他并不想要我理解，却已经深深地影响着我。读了《傅雷家书》，我才渐渐领悟，父爱如山，他的严厉，他的恨铁不成钢，都是源于对我们浓浓的爱，只是换了一种需要我们慢慢感受的方式。

曾经看过一本书《好妈妈胜过好老师》，看这本书时，我体会到了家长对孩子成长的重要性，《傅雷家书》也是如此，是父爱最深刻的体现。傅雷这样说：人一辈子都在高潮—低潮中浮沉，惟有庸碌的人，生活才如死水一般；或者要有极高的修养，方能廓然无累，真正解脱。只要高潮不过分使你紧张，低潮不过分使你颓废，就好了。太阳太强烈，会把五谷晒焦；雨水太猛，也会淹死庄稼。我们只求心理相当平衡，才不至于受伤……慢慢地你会养成另外一种心情去对付过去的事：就是能够想到而不再惊心动魄，能够从客观的立场分析前因后果，做将来的借鉴，以免重蹈覆辙。我想，这应该是来自一个父亲最深切的关心与教导，一位真正为你着想的父亲，他的爱应该是含蓄的，隐藏在他的谆谆教诲中。

拿起《傅雷家书》，随处读来，有反复叮咛，有温馨提示，这些如细流般温润人心的句句话语，不只是一般父母意义上的唠叨，而是千年修来的福气。翻动着每一页字字沁人心脾，我的心总能被染得金灿灿的、暖暖的。

傅聪在艺术上的造诣，离不开父亲傅雷苦心孤诣的教诲。傅雷已去，家书仍留。《傅雷家书》给我们带来的爱与精神，永远影响着下一代。《傅雷家书》拉近了孩子与父母之间的距离，让我们互相理解，互相体谅。此时此刻，我理解了我的父亲，并爱着他。我想，是《傅雷家书》，让我懂得了亲情，懂得了爱。愿我今后的成长日子里，有父母的一路陪伴。

温室里的花朵是弱不禁风的，大自然中的树木才能经受狂风暴雨。

# 《论语》的孝道思想

2018级　沈丹怡

"百善孝为先"，孝是中华民族的传统美德。古往今来，孝道精神源远流长。《论语》作为儒家的重要经典著作之一，其中有很多关于孝道的记载。"孝"在孔子的思想中处于十分重要的地位，是儒家思想最重要的组成部分。《论语》中关于孝道思想的论述，内容丰富，思想深邃，值得我们思考并借鉴。

## 《论语》孝道思想基本内涵

孝，为善事父母者。道，所行路也。此延伸为"根本道理"。所谓"孝道"就是指对待父母长辈的规则，全天下儿女都应奉行的道理。在《论语》中直接提到"孝"字共有十四处，未提到"孝"却与"孝"有关之处则更多。《论语》中的孝道思想，可概括为三个层面：个人层面、社会层面和国家层面。

（一）"孝道"乃"仁之本"。

在《论语·学而篇》中有这样一段话："有子曰：其为人也孝弟，而好犯上者，鲜矣；不好犯上，而好作乱者，未之有也。君子务本，本立而道生。孝弟也者，其为仁之本与！"这是孔子从个人德行方面对"仁"

的论说，仁德必须通过道德上的实践来发展，而作为人伦治道最基本的组成部分——家庭伦理，也成了评判一个人是否具备仁德的标准。倘若一个人对父母都不能尽孝，又何言具备仁德之心呢？故在孔子看来，"孝"乃"仁"的核心与基础。

1.兼具物质之"养"和精神之"敬"。

在《论语·为政》篇中，孔子深入浅出地阐述了行孝的态度，"子游问孝。子曰：'今之孝者，是谓能养。至于犬马，皆能有养；不敬，何以别乎。'"《左传·昭公元年》说"国之大节有五"，其中之一就是"养其亲"，可见在那个时代能够赡养父母就已经可以算作道德合格了。但孔子的要求不止于此，只是赡养父母，远远够不上孝道。徒养口体不足为孝，物质上的赡养仅仅只是行孝的第一步，孔子认为若将养亲视为行孝的全部，那和犬马没有区别。敬爱是孝行的核心精神。对双亲的爱是最质朴、最真实的道德情感，是孝行的源头活水。抛开爱来谈孝，那就只是聊尽人事，做做表面功夫，算不得尽孝。"敬"能在实践上将尽孝与其他道德实践区分开来。进一步说，"敬"是对父母的尊重，包括对父母的言行、名誉、事业的尊重，表现在行为上是顺从。由此可见，"敬"是行孝的更高层次，养为物质层次，敬则为精神层次。在该篇中，还有这样一句话，"子夏问孝，子曰：色难。有事，弟子服其劳；有酒食，先生馔，曾是以为孝乎？"这句话也明确强调行孝要注重精神层次，但不可否认，孔子并没有否认"能养"在行孝中的重要地位，行孝的前提是物质保障。

2.奉行礼节之"无违"。

孔子在《论语·颜渊》中强调"克己复礼为仁"，倘若将"仁"作为孝道的本质，则"礼"为孝道的核心。在孔子看来，要做到无违，不仅要依靠内在修养，还要尊崇外在礼制。

子曰："事父母几谏，见志不从，又敬不违，劳而不怨。"（《论语·里仁》）孔子认为在侍奉父母时，若父母有过当微婉而谏，若再不听从，也勿心生怨恨。

再者，孔子提出，父母在世时要按照礼节侍奉，父母去世以后也要

学不已集

安徽师范大学文学院学生"青年大学习"优秀作品选编

按照礼节祭祀他们，即"生，事之以礼；死，葬之以礼，祭之以礼"（《论语·为政》）。无论父母在世还是去世，都应表达对他们的敬爱之情，同时这也是发自内心的诚挚孝义。

3.发展自身亦为"孝"。

孔子在《论语》中不仅提出了子女应如何孝顺父母，也站在父母的立场上提出了子女发展自身也是一种"孝"。其中有这样两句话，其一为："子曰：'父母在，不远游，游必有方。'"（《论语·里仁》）古时交通不便，音讯难达，父母若有急切之故，必召子女归。若召之不得，将会留下永久的遗憾。子女倘若定要出远门，则必须有一定的方位。其二为："子曰：'父母唯其疾之忧。'"（《论语·为政》）孔子认为真正的孝道是让父母只为子女的疾病忧虑，言他无可忧。儿女的生命来源于父母，是父母生命的延续，做儿女的应当珍爱生命，堂堂正正做人。不断提升自身身体素质，同时加强道德修养，使父母担心自己就是对父母的孝。在父母心目中，子女自身的发展何等重要，唯有子女自身能力得到提高，能够发展自我，莫过于是对父母最大的孝。

（二）"孝道"乃"和谐之基"。

家庭是社会的细胞，是组成社会的最主要成员。每个家庭的和谐，是造就整个社会和谐的基础。良好的家庭美德是家庭和睦的基础，也是社会稳定的前提。"慎终追远，民德归厚矣。"（《论语·学而》）孔子主张由孝推及家庭，再由家庭影响社会，最终扩大为整个社会的道德秩序，使"孝道"成为促进社会稳定和谐的催化剂。

孔子在《论语·学而》中有这样一句话，"弟子入则孝，出则弟，谨而信，泛爱众，而亲仁。行有余力，则以学文。"弟子为学，当重德行，博学广识；对人当泛爱，对内要孝顺父母，对外要敬爱兄长，心胸开阔，志趣高远，以达博大之境。这里孔子就将孝道的影响扩大到社会领域，孝道思想维系着以血缘为纽带的宗法氏族关系，对促进家庭团结和社会和谐都起着不可或缺的作用。

（三）"孝道"乃"立国之本"。

孔子认为，治国和治家有着相通之处，孝道思想在国家政治上也发挥着举足轻重的作用。

孔子论政，常视政治为人道中的一端。孔门虽重政治，然则更重人道。倘若失去了人之道，又何为政可言？在《论语·为政》中有这样一段记载："或谓孔子曰：'子奚不为政？'子曰：'《书》云：孝乎惟孝，友与兄弟，施于有政。'是亦为政，奚其为为政？"这句话的意思是，孝字当先，只有把孝顺父母、友爱兄弟的良好风气影响到政治上，就是参与了政治。在面对季康子"使民敬、忠以劝，如之何？"的提问时，孔子这样回答："临之以庄，则敬；孝慈，则忠；举善而教不能，则劝。"（《论语·为政》）孔子认为，孝是忠的前提和根本，是道德的根本，是为政的根本。一个人做官要为国尽忠，居家定要孝顺父母，敬爱兄弟。统治者以孝道引导人民，使人民忠于统治者，每个人都怀有孝道仁义之心，天下才会兴旺，国家才会长治久安。

《论语·泰伯》又云："君子笃于亲，则民兴于仁；故旧不遗，则民不偷。"将亲属关系推广到天下，民众就会有仁德。这表明了由孝可以立身、可以导民，从而治天下；由孝可以引发"仁"，由"仁"可以治理国家，由此达到"圣人"境界。

倡导"孝道"实际上是一种用德行来影响政治的方式，不仅可以由孝到忠，还可以淳化社会风气，教化大众，作用于社会与百姓，从而维持社会秩序。因此，孔子及儒家思想主张用"孝"教化百姓。

## 《论语》孝道思想对当代教育的意义

（一）有利于修炼个人品行。

从个人层面来讲，"孝"不仅是自然血缘的亲情关系，更是一种个人修身之德。通过阅读《论语》中的孝道思想，我们可以认识到：赡养父

学不已集

——安徽师范大学文学院学生"青年大学习"优秀作品选编

母与老人是我们应尽的责任，不仅要"能养"，还要做到"敬""无违"。学会感恩报答是人生最重要的德行，同时也是最基本的。当今社会中，"孝道"产生异化的现象比比皆是，不少地方和领域都出现了仗势欺人的"啃老族""官二代""星二代"，向长辈索取无限制的物质要求。虽然这种现象不能完全归咎于年轻人，但年轻人只有从自身不断提高个人修养，修炼个人品行才能改变这种现状。

（二）有利于培养良好的家庭氛围。

今天，我国已经进入了老龄化社会，孩子对父母的赡养压力愈发增大，这也关乎家庭和谐与社会安宁。学习孔子的孝道思想，使我们更能深刻地认识到孝道的本质是对父母的爱，在关注物质基础的层次上加强精神层面的关爱；认识到"百善孝为先"；认识到我们为长辈们尽孝的时间是十分有限的……传统孝文化无疑是培养良好家庭氛围的关键所在，我们要在家庭中学会爱，学会培养责任感和使命感。

（三）有利于贯彻社会主义核心价值观。

孝道思想在中国几千年的历史上浸透了整个社会的方方面面，将整个中华民族紧密地团结在了一起。提倡孝道教育，从孝敬父母、爱护子女开始，再推广至全社会的尊老爱幼，循序渐进，进而爱国家、爱人民，有利于贯彻社会主义核心价值观。爱家庭是爱国家的根源和动力，是中华民族精神和凝聚力的核心，在当下大力弘扬传统孝道思想，对于增强民族凝聚力、振奋民族精神都具有重要意义。我们不仅能够重新审视和调整家庭内部关系，促进家庭和谐，也能重新在社会中调节人与人的关系，促进社会和谐。学习《论语》中的道德思想，有利于构建好家庭、国家、社会一体的道德体系。

# 时代的浪潮奏响属于我们的青春之歌

## ——读《青春之歌》有感

2018级　王千惠

　　20世纪30年代的中国，政治局势动荡不安，民族阶级分化严重，经济生产凋敝萎缩，神州大地上，容得下西洋人恣意妄为、寻欢作乐，容得下官僚地主穿金戴银、虎咽狼餐，却容不下属于农民的一把粮食、一件薄衣，容不得一个平民百姓的生存。随着"青春之歌"的奏响，我不由得顺着杨沫女士的笔尖，与书中的主人公林道静一起，记录下30年代中国革命潮流的一个又一个镜头……

　　镜头一："小林，在这个狂风暴雨的时代，你应当赶快从个人的小圈子里走出来，看看这广大的世界。"

　　主人公林道静是一个生于小资产阶级家庭、骨子里却流着农民血的少女。父亲忽视她，后母虐待她，为了逃避成为男人"玩物"和"花瓶"的命运，也为寻找个人的出路，她在高中毕业两个月前，选择离开家庭，踏上流亡之路。投亲不遇、颠沛流离、前途迷茫，这些痛苦在无形中锤炼了她的意志，更为她提供了一个深度观察中国社会底层人民的机会。她看到同一片土地上，外来的西洋人享受海滩阳光、美食美酒，而贫苦的母亲因吃不上饭抱着两岁的孩子投了海；地主官僚们朱门酒肉臭，而佃户家徒四壁，饿得瘦骨嶙峋。她看到了广大的世界，更清楚地明白了，只有彻彻底底的革命，才足以应对这肆虐的狂风暴雨。也让我明白了，若要懂得更多、做得更多，当走出自我的舒适圈，去看看更广大的世界。

镜头二："最光荣伟大的职务就是在世界上做一个人。"

道静出走的目标很明确——要独立生活，到社会上去做一个自由的人。可是自由在黑暗动荡的社会面前，何等渺小，却又难以实现。在深入底层人民的过程中，道静愈发明确了奋斗的必要性——只有民族有自由，个人的自由才能实现。而民族的自由，又需要个人来实现。当投身到集体的斗争中，把个人的命运和广大群众的命运联结在一起的时候，你就再也不是独自一人，而是那巨大的森林。正如马拉默德有言："自由的目的，是为他人创造自由。""世界上最光荣伟大的职务就是做一个人"——一个健全、自由、热爱、正直、善良的人，在和平的时代有多少人能够拍着胸脯说"我做到了"？而在动荡的年代，又是何其艰难？这其中付出的千千万万革命者的艰难困苦，难以想象。

镜头三："参加革命并不是叫咱们死，而是叫咱们活着——叫咱们活得更有意义，叫千百万受压迫的人活得更幸福。"

谭嗣同有言："各国变法无不从流血而成。"在阅读《青春之歌》的过程中，我看到不止一个人，因革命受到刑罚，受到迫害，甚至付出生命。书中的描写已经让我触目惊心了，可我知道，历史的事实远比艺术作品要更加残酷。记得主人公林道静曾义愤填膺地说，为了革命，她愿意主动流血、主动牺牲，"和那些迫害我们同志的人拼了！"但随着对革命工作愈发深入地了解，她懂得了，革命不是愚蠢地拼死拼活，而是有智慧有谋略，在最小的损失上争取对人民、对工作的最大效益。"参加革命不是叫咱们死，而是叫咱们活着"——这句话不仅点醒了主人公道静，更点醒了作为读者的我。让我明白了，中国人民的解放，不是硬碰硬来的，是智慧、谋略与胆识铸就的！

镜头四："华北虽大，已经安放不下一张平静的书桌了。"

当看到中华赤子们无一不扼腕叹息、捶胸顿足，举着鲜明的旗帜，在寒风刺骨的清晨从四面八方奔涌而来，唱着豪迈的歌声在神州大地上震荡，他们组成了一座人的铁壁，愤怒猛烈地冲击着包围他们的军警；当看到端着枪、拿着棍棒的警察们恐吓、攻击着同学们；当看到许多同学被打得鼻青脸肿仍旧昂然起立，不顾一切继续向前冲时……我不由自主地站了起来，因为愤怒，更因为自豪。中华民族的近代史是一部屈辱的受压迫史，但正因为有着一代又一代乘风破浪、视死如归的中国青年，才能成就奋斗史的辉煌。无论中华民族遇到怎样难以克服的风浪，只要青年不倒，精神便不死，家国便不亡！

"无穷尽的人流，鲜明夺目的旗帜，嘶哑而又悲壮的口号，继续沸腾在古老的故都街头和上空，雄健的步伐也继续在不停地前进——不停地前进……"整本书就在这恢弘壮大的游行中结束了，但言有尽而意无穷，中国的青年们，还在"不停地前进"。一代人有一代人的困苦，一代人有一代人的坚守，一代人有一代人的初心和奋斗。愿当下时代的你我亦能够不负重托、不负青年这个身份，乘风破浪，在时代的浪潮，共同奏响属于我们的"青春之歌"。

# 一场美的旅行

## ——读《美的历程》有感

2018级　李明珠

　　"那么，从哪里起头呢？得从遥远得记不清岁月的时代开始。"滔滔江水亘千里，荡荡文明繁古今，浩浩滔天，一唱三叹，思入骨，文成灵，作一次美的巡礼，观一场生香古色。

　　读罢李泽厚先生的《美的历程》，一时百感交集。从龙飞凤舞的远古图腾到"采菊东篱下，悠然见南山"；从豪放俊逸的李白诗歌到"寄蜉蝣于天地，渺沧海之一粟"；从"有我之境，无我之境"到"满纸荒唐言，一把辛酸泪，都云作者痴，谁解其中味？"我的眼前仿佛被人用五彩的石子铺展出一条小路，在微暖的春光下，我漫步其上，尽情感受从将近八千年前，中国文明初露曙光的时代到美好灿烂、万木皆春的未来带给我的美的体验。每一个时代都有每一个时代的新作，每一个时代都有每一个时代的闪耀，它们一路走来，风雨兼程、披星戴月，它们还在继续赶往远方。我想这条路可太长了，这条路可太美了，留给我们未来探索的奥妙也太多了。

　　李泽厚先生将历史与艺术形式有机统一，结合个人审美体验，对中国历史上各个时期的突出艺术形式进行审美解读。"美在形式而不即是形式。离开形式固然没有美，只有形式也不成其为美。"我在哲学中徜徉，将画卷里的美深深刻在脑海。在《美的历程》这场长途旅行中，我观遍百花，而令我感触尤为深刻的便是龙飞凤舞的远古时期和潇洒风流的盛唐之音。

当山顶洞人在尸体旁撒上矿物质的红粉，当他们将石器磨制光滑、钻孔，做出种种装饰品，人类社会意识形态和上层建筑就此开始，而这种物态化活动的成熟形态便是原始社会的巫术礼仪，即远古图腾活动，我的美的旅程便是从这里开始。当山顶洞人撒红粉的活动延续、发展和进一步符号图像化，当龙飞凤舞、具有悠久历史传统的图腾旗帜在天空飘扬，审美意识和艺术创作开始了萌芽；当由鱼、蛇等动物形象而符号化演变为抽象几何纹，由再现到表现，由写实到符号化，美作为"有意识的形式"也开始形成。这个充满奇幻色彩的时代是审美意识萌发的起点，更是通向未来踏出的稳稳一步。

青春当骋遍万野，朝阳半丽；园中晓花正媚，一番悠然好风光。当传统被突破，当创造和革新打破框框，盛唐之音便横空出世。这是古今中外大交流大融合的时代，这是经济繁荣的时代，这更是个思想开阔的时代。这里是青春，这里是自由，这里是欢乐，这里是盛唐。"天子呼来不上船，自称臣是酒中仙"，"诗仙"李白几多豪迈；无拘无束、昂扬恣肆、酣畅淋漓，笔下蜿蜒曲折，"草圣"张旭又多少潇洒。一如李泽厚先生所言，"盛唐诗歌和书法的审美实质和艺术核心是一种音乐性的美。"一切都是浪漫的、创造的，让人流连忘返，那么自然，那样美好。而杜甫作诗，韩愈书文，他们讲求形式，要求形式与内容严格结合和统一，他们为后世立下了美的规范。但无论是恣肆，还是工整；无论是不事雕琢，还是字斟句酌，它们是两种盛唐之音，它们是两种"有意味的形式"，它们同出于盛唐，它们皆是美。

再看我们的时代，我们的时代是光辉灿烂的时代，它发源于古老的原始社会，它历经飘逸豪放的盛唐之期，它还在发展、在不断向前，正如李泽厚先生在文末所说，"俱往矣。然而，美的历程却是指向未来的。"美是指向未来的，时代也是指向未来的。我们的时代文化繁荣，我们的时代民富国强，我们的时代人人满怀憧憬、怀揣希望，我们打造的美好在改变着脚下的每一寸土地、身边的每一处风景，我们不断地发掘着美，我们追寻着内心的纯真，我们热切地爱着这个时代。

少年意气挥斥方遒，万里书行踏浪而歌。我们的时代在前进，我背着行囊采集着美的踪影，我看遍了身后美景，而这场旅行才刚刚开始，接下来的日子里，我将要走得更远，要踏足更多的地方，要努力变成这个时代同样的一处光彩。一蓑烟雨，满眼光景，肩上不禁重了起来，心中却是无比欢快！

# 《平凡的世界》：不甘平凡，苔花亦可似牡丹

2018级　刘春悦

平凡的世界，做不平凡的人，愿世间所有人的努力皆有所偿。

"每个人的生活也是一个世界，即使最平凡的人，也有不平凡的内心世界；他也许一辈子就是个普通人，但他要做一个不平庸的人，在最平常的事情中显示出一个人人格的伟大来。"这正如袁枚的《苔》中写的那样，"白日不到处，青春恰自来。苔花如米小，也学牡丹开。"不论自己多么渺小，都要勇敢地开出属于自己的那一朵灿烂的人生之花。

相比高中时期看的《平凡的世界》，疫情期间有幸又一次抽出时间重读路遥先生的《平凡的世界》的我从中读出了更多的东西，也看到了苟且的环境里所有人的努力——孙玉厚、孙少安、孙少平、贺秀莲、田润叶、田福堂、田福军、田晓霞、李向前、郝红梅、田润生、孙兰香……每个人都是在为自己或是为家庭、为他人而奋力拼搏。他们无不是有着真实的情感，动人的力量。

作者塑造的是一个个有血有肉的平凡人，17岁的孙少平承担的是众人的期望，他的身后都是他挚爱的人，因此他认为自己可以平凡，但绝不能平庸。我记得孙少平上学时错开同学独自拿黑馍馍时那强烈的自尊，他渴望能穿一身体面的衣服站在女同学面前，渴望能像其他同学那样领一份菜，只因为这样活得尊严。当然，他也一直想为获取这份尊严而奋斗着，忍着吃不饱、穿不暖，参加学校的劳动，大量读书，用知识来拍

掉从乡里带来的一身黄土。毕业时，虽然他还没能变成一个纯粹的城里人，但是已经不完全是一个乡巴佬了。

而在少平生命中的阳光——田晓霞死后，少平承受着贫困和灵魂上的双重创伤，但是他并没有沉沦，在惠英嫂的关心呵护下，重新找回了自尊、自信，坚定地向大牙湾煤矿走去。从对贫穷的自卑到坦然面对生活，从对爱情的幻想到追求精神的契合，少平在永不止息的劳动中、奋斗中、磨难中已真正成长为一个男子汉，绽放了一段属于自己的精彩人生。

我记得孙玉厚的善良本分。这个老人勤勤恳恳地劳作一辈子只为摆脱缺衣少食的日子，为儿女创造好一点的生活条件，他一生最大的成就在于他培养出了三个优秀的子女。这个老人的人生就是一片土壤，用一生去努力翻垦，长出了孙少安、孙少平、孙兰香这三棵大树。孙少安果敢坚毅，13岁辍学和父亲一起撑起风雨飘摇的家，18岁凭借着"精明强悍和不怕吃苦的精神"被推选为生产队队长，只有高小文化的他，用不断的努力和辛勤的汗水浇灌着自己的人生旅程。

此外还有少安吃苦耐劳的"贤内助"贺秀莲、生长在城市却朴实坚强的田晓霞、仗义热心的金波一家……一个个平凡人物的劳动与爱情、挫折与追求、痛苦与快乐交织在一起，展示了他们在逆境中永不言败的奋斗精神。

想起看《青春有你第二季》时选手傅如乔唱了一首歌《微微》——"微微晨光点亮这世界，微微温暖融化昨夜的冰雪"，当被导师问到"微微"是什么的时候，她回答："微微是一个象征性的东西，代表着所有的伟大都是由渺小构成的。我们虽然对于这个世界而言非常渺小，但我们不弱小，我们是很强大的。"当今的世界发展太过强大迅速，我觉得无论是《平凡的世界》还是《微微》都告诉我们，再庞大繁闹的城市，都是由每个普通的人在无数个洒满汗水的黑夜白昼用不平凡的举动去打造，身处繁华的我们更应该静下来想一想是不是忽略了这个平凡的世界，忘记每一个平凡的自我。

这确实是一个平凡的世界，但在路遥的笔下，正是那些平凡而可爱的人物，用自己的辛勤劳动构筑出一个个不平凡的人生。每一个人都在平凡中成长，平凡二字是你我，平凡二字是过去，平凡二字是未来。无论何时，我们都要在希望与阳光下沐浴生活直面未来，当最后用手触摸到自己滚烫的理想的时候，你会知道，人生最终还是自己能够改变和决定的，只要我们不甘平凡，苔花亦可绽放似牡丹。

# 风起了，唯有努力生存

2018级　徐秋玥

"人是为了活着本身而活着，而不是为了活着之外的任何事物而活着。"

初读余华《活着》一书时，只囫囵吞枣式地了解了故事梗概，感慨福贵一生何其悲也。在这个漫长的假期里，在疫情严峻的形势下，再次翻开《活着》，回看福贵的一生，又徒添几分感慨。

《活着》一书没有优美华丽的辞藻，没有充沛激昂的情感，也没有跌宕起伏的情节，而是以一种平淡得几近冰冷的语调，将这样一个沉重的故事娓娓道来，却也正是在这种叙述中所有的情绪都慢慢渗入每一个读者的心中。"我知道黄昏正在转瞬即逝，黑夜从天而降了……"翻到书的最后一页，一股悲怆之感油然而生，酸涩直冲鼻腔。诸多感想如鲠在喉，却说不出一句话来。

辛弃疾曾云："叹人生、不如意事，十常八九。"道出人生的不如意实为一种常态。人人都幻想着这一生能事事顺遂，一帆风顺，然而世事不尽如人愿，越想行云流水过此一生，越是风波四起。

年轻时的福贵，荒唐无度，吃喝嫖赌，无所事事，直到殷实的家底被他挥霍一空，其父意外摔死，一夜之间，恍如隔世，物是人非，至此他不得不学会成长。生活的波涛又岂会平静，它始终不停地一波一波地向前涌动，福贵的成长之路，可谓坎坷至极。家道中落后，妻子家珍也被岳父带回了娘家，原本团圆的家也支离破碎。万幸，不久后家珍抱着儿子有庆回来，一家人再次团聚了。可偏偏这时，母亲生病，福贵上城抓药却又意外被抓走拉大炮，这一走就是两个月。辗转回家后，母亲病故，女儿凤霞因病变成了哑巴。悲剧的种子悄然种下，生根发芽。在时代嬗变的背景下，福贵经历着不仅仅是时代和社会给他带来的不幸，还有身边的亲人一个接一个地离去，一个又一个鲜活的生命在他的生活里消亡。"两个进入垂暮的生命将那块古板的田地耕得哗哗翻动……"临了，只剩一头老牛与福贵相依为命。现实的苦难一个接一个，而像福贵这样渺小的个体在命运的苦难面前毫无反抗之力。

"苦无尽头，到苦处休言苦极。"福贵在经历这些苦难的洗礼后，依然忍受着巨大的苦痛而活，看似麻木，实则是已然有一种对生死看淡的平静，这样的平静带着一股"我命由我，不问凶吉"的韧劲，他坦然接受这些苦难，努力地活着。即便人生充满苦难，即便最后孤身一人，活着本身就是一种意义。

在福贵所处的时代背景下，他深知活着的不易，他明白，平淡而活就好，无灾无妄就好，平淡里透出的是对生与死的云淡风轻。而福贵身上这股活着的韧劲，是自古以来，历经磨难、百折不挠的中华民族生生不息的民族精神的缩影——那份刻在中国人骨子里的不屈不挠的坚韧，不论几多风雨，不论几多艰险，依然奋勇前行。

我不禁问自己："而我们个人究竟怎样活着才算活着？"

"莫道桑榆晚，为霞尚满天。"前不久，《经典咏流传》（第三季）中的一期节目深深触动了我。"道狭草木长，夕露沾我衣。衣沾不足惜，但使愿无违。"中国科学院老科学家合唱团的一首《归园田居》让人感慨万千。平均年龄七十一岁的他们，站上舞台，用歌声传递美好，他们白发苍苍依然精神矍铄，他们依然胸有千壑，眼含星辰，熠熠生辉。回首昨日，他们中有人躬身茫茫戈壁，隐姓埋名数载，用他们的青春力量，用他们艰苦卓绝的奋斗，为新中国建设打下最坚实的基础；他们中有人不畏艰险，勇攀珠峰，往返极地，守科学之信念，承国家之荣誉，担民

学不已集

——安徽师范大学文学院学生
「青年大学习」优秀作品选编

族之重任，毅然负重前行……如今寥寥几句简单的介绍，看似平平淡淡、波澜不惊，殊不知承载着怎么样的沉重与信仰。他们曾是国之利刃，而今收刀入鞘，不争名，不逐利，离退休后的他们如陶渊明一般热爱生活、淡然处世。"我把青春融进祖国的江河"正是他们一生的真实写照，他们的青春奋斗的故事，也镌刻成新中国的奋斗史。

"山知道我 江河知道我 祖国不会忘记 不会忘记我……"歌声响起时，台上台下，早已泪湿眼眶。

如今我们年轻一代，生于和平年代，享受这份安逸，所见更多的是祖国山河无恙，岁月静好的盛世景况，却难以体会这繁荣富强背后一代又一代的青年披荆斩棘、艰苦卓绝的奋斗。风起了，唯有努力生存，此次疫情更该让我们明白"活着"一词的意义所在。奔赴在疫情一线的绝不缺乏一些年轻的身影，青年一代是国家和民族的希望，而我们作为新时代的青年，生逢其时，理应接过历史的接力棒，承先贤之志，遵殷殷之嘱，担时代之责。

待此战大获全胜，待前方战士凯旋，待胜利的春天到来，吾辈青年当珍惜时光，把握当下，砥砺前行，勇立鸿鹄之志，无负青春韶华；同侪并肩，高歌前行，以"大鹏一日同风起，扶摇直上九万里"之势，浩荡赴前程，不负少年时。

# 平凡的故事，暖暖的情

2018级　郭雅云

　　有人就有情，在那边的黄土地上也有着平凡的故事，暖暖的情。《平凡的世界》是一本普普通通躺在书架上的平凡的书。茫茫书海中，有一位路遥先生构建了一个平凡的世界，小小的，截取几个人、几段时间的故事。那犹如茫茫天地之间，随便截取的一个人，一段事。没准我看这个故事的时候我也变成了故事里的人，没准你看这个故事的时候也变成了故事。

　　这故事就这么突兀开场吧——

　　世界上有好多的人，好多的人又有好多种情，能让人暖暖的大概也就这样几类——亲情，爱情，友情，还有大爱。大概正因为这些情感在这部《平凡的世界》中显露出来，才让我心中为之感动。细节已经有所淡忘，能记得的，或者一定可以记得的就是他们之间的情感了——路遥先生的文字真是有魔力！

　　关于亲情。在一片望不到头的黄土坡中间，靠着阴晴不定的河水过活的村里人也学会了守望相助，他们代代繁衍生息，有着对子孙的天生的庇护意识，这在孙玉厚老汉那里表现得尤其浓厚。老两口愿意晚年劳累，也要为子女们解决好事情，不给他们添麻烦。不论是少安创业、娶妻还是少平上学，等等，老两口不遗余力。被亲情包裹的两兄弟也熏陶成有情有义的人。当然这里的每个人都有着热血，都有着爱。

学不已集

——安徽师范大学文学院学生
「青年大学习」优秀作品选编

关于爱情，大概就是其中我觉得的最矛盾的人物，田润叶。润叶爱着少安，在少安结婚之后没有嫉妒缠身，没有就此丧气，有的是祝福和隐秘的等待。这一边，润叶的爱是纠结的，矛盾的，也是大度的。另外一边又是爱慕的李向前，李向前的爱细致却最后有些暴躁，但是结果也并非不好。他心心念念的润叶被感化，回到了他的身边，两人平凡的生活慢慢开始。润叶想冲破封建的枷锁，想遵循自己的内心，奈何自己太犹豫，错过了可以一辈子的人。又奈何她不能放下，不能向前看，而是被曾经狠狠地牵绊住，遭受了磨难。还好最后得到了归宿。还有一位爱得最纯粹的人——金波。他站在十字路口，唱着歌，追寻那位藏族姑娘，是空灵的，"情不知其所起，一往而深"。

关于友情，金波和少平当然是的，从小一起玩耍，偷偷塞白面儿，等等。金波的爱情很纯粹，友情也是那样真诚。他和少平一起走过小学、初中和高中，尽管在工作之后分开了，但是多年之后相见还是和从前一样亲近。岁月的钟声敲响，困难蹉跎了岁月，微风吹皱了脸颊，他们的友情依然不变。

关于大爱，就要说起田晓霞。"晓霞死了。"当时的路遥趴在桌子上大哭起来。我读之时也心中一颤——这样好的女孩啊，为什么把她引向死亡！晓霞被冲走之后，我也跟少平一样幻想着，晓霞水性这么好，是不是已经找了一个地方上岸了……"晓霞这个角色在那个黄土高原上是一个独特的存在，是除黄土之外的另外一个风景，是少平向外看到的独特的风景，是这样的风景将少平带出了屋。但是晓霞呀，你把少平带出来了新世界，怎么就转身走了呢。明明会是幸福的一双妙人啊。不过少平心里的晓霞还活着，只是触不到，只是余生那么久，晓霞的一切足够回忆吗？"这是当时的我写下的带有伤感又怨气的语句。现在想来也许是狭隘了——她是救人而死的，她的死换来了灵魂的升华。可以说她死了，当然也可以说没有死，因为她把生命延续给了那个被救的孩子，把思想留给了她爱的人。

就在这一个小世界里，我跟着每一个人，去感受形形色色的场景，各种各样的行为，看着黄土上的人儿在朴实的故事里为生命奋斗着。路遥先生用自己的心写出了这部永恒的经典——《平凡的世界》，它带领着我们去了解了平凡人在大时代历史进程中所走过的艰辛人生路。他们的悲与欢，穷与富，生与死，都深深影响着他们，也感染了看故事的我们。

平凡的世界展开了这样一个充满人情的故事，不论结局如何，这些人物都将不朽。正如当前病毒肆虐，前线就演绎着一篇"平凡"的充满亲情、爱情、友情和大爱的故事。而我们成了看故事的人，我们看了之后铭记于心，付诸实践，便又成了故事。

这就是平凡的故事，暖暖的情。

# 没有什么比活着更快乐

## ——读《活着》有感

2019级　薄秀宁

没有什么比活着更快乐，也没有什么比活着更痛苦。

《活着》是一本让人读起来感到非常沉重的小说。书里没有血性也没有暴力的描写，作者余华用最简单的词句、最平静的陈述却描绘出了最令人绝望的情景。在书结尾的那一刻，我甚至长舒了一口气，终于读完了这本书。

小说主人公徐福贵是一位封建时期地主家的少爷，年轻时期沉迷赌博，顽劣不堪，最后为自己的违法不当行为承担了严重后果，输了个倾家荡产。这本来已经非常不幸，然而更不幸的事情是，福贵一家生活在一个动荡不安的战争时代。从国民党统治的后期，到土地改革，大炼钢铁……在那个年代，生命渺小得不值一提。所有的斗争反抗都是微弱无力的，作为传统社会的一个底层小人物，渴望的不过只是平静的幸福的生活，但这也是一种难以实现的愿望，面对那个黑暗苦难的世界，除了自己认命，似乎可能别无他法。

父亲因为自己的行为被活活气死；自己为母亲进城抓药却被强行抓走替国民党当兵，两年后回到家时母亲已经病死；县长夫人难产大出血，有庆为救县长夫人积极献血却因抽血过多死去；大女儿凤霞因发烧成了哑巴，嫁了个好人但因为医疗条件不足难产而死；家珍因为劳累过度而死；二喜因为干重活意外身亡；最后只剩下了和福贵相依为命的外孙苦根，却因为饥饿太久，见到豆子吃得太急噎死了……从此，一人一牛，相依为命。接二连三地痛失至亲这本就是一件极其痛苦而又残忍的事，但更残忍的不是这些，而是不断地失去希望。眼看他起高楼，眼看他楼塌了，眼看他在废墟里继续坚强地活着。每一次好像都能让他燃起一丝希望，日子好像就要开始变好了，家珍带着有庆回来、凤霞有了二喜这样的归宿、苦根同他相依为命……不禁让人想选择其一作为结局，可笔锋一转，他们又相继死去。

淡看福贵一生，因赌，因时代，跌宕起伏，生来就比一般人难过许多。但他没有因为亲人的离去而结束自己的生命，因为在活着的过程中，有痛苦，但有时也会有快乐。就像作者在前言中提到："《活着》里的福贵经历了多于常人的苦难，如果从旁观者的角度，福贵的一生除了苦难还是苦难，其他什么都没有；可是当福贵从自己的角度出发，来讲述自己的一生时，他苦难的经历里立刻充满了幸福与欢乐，他相信自己的妻子是世上最好的妻子，他相信自己的子女也是世上最好的子女，还有他的女婿他的外孙，还有那头也叫福贵的老牛，还有曾经一起生活过的朋友们，还有生活的点点滴滴……"

生活中虽然充满了苦难，但也充满了快乐，苦难与幸福相伴而生，人只有以勇气和毅力、信心去面对和克服种种挫折与不幸，体会幸福与甜蜜的不易，才会更加热爱生活，珍惜生命。从另一个角度来看这本书，我们在看福贵的一生时只会觉得他十分悲惨，但是从福贵自己的讲述来看，苦难是有的，但也充满了快乐，所以说，我们生活是属于每个人自己的感受，不属于任何别人的看法。我们不用太过于在意别人的看法，他不是你，他不能切身地体会你的感受，我们只要踏踏实实过好自己的每一天就可以了。

好好地活着，是无数中国人从古至今最朴实最真切的人生愿望。而且要活得幸福，活得美好，活着让自己觉得心里有一种尊严感，这是从古至今常驻在中华儿女心中伟大的中国梦。在中国共产党的正确领导下，我们已经走进了新时代，活着已经不是那么艰难的一个愿望，我们现在追求的是能够更高品质、更高质量地活着。所以现在作为新时代青年的我们，要志存高远、忠于祖国，不断加强认识、努力学习理论知识，勇于担当建设国家历史责任，让自己为中华民族伟大复兴的中国梦添砖加瓦，为推动新时代的发展贡献自己的一份力量。

# 时代变迁下的平凡之歌

2019级　杨颜祯

我们活在一个平凡的世界，但这平凡里的一切对于每一个活生生的人来说都是不平凡的。2020年，一个特殊而漫长的寒假，路遥先生的《平凡的世界》给了我一份心灵上的慰藉，让我感触颇深。这一部小说如同一位历经时代变迁和岁月沉淀的智者，同我讲述那平凡的一切。

## 人生之花开于奋斗之树

孙家一贫如洗，家徒四壁，那一孔低矮破旧的窑洞成为艰苦岁月的见证。少安13岁就永远地告别了学校的大门；少平在校只能吃得起那焦黑的高粱面馍；兰香与少平周末只能寄宿在金家……在我为他们感到命运不公、命途多舛时，孙家的兄弟姐妹却未向贫穷屈服。少安号召村民分组种田，实行承包制，让众多村民衣食所安，不再忍饥挨饿。改革开放后，他在村里开起了烧砖窑，从小由成功到失败跌落谷底再到重振旗鼓，他不甘于被扼住命运的咽喉，敢拼敢闯有智谋。同时强烈的责任感让他拥有一颗大爱之心，这种爱不仅体现在家庭之中更体现在全村之中。他为少平、兰香的未来甘愿辍学，招揽村民来烧砖窑做工，资助建设双水村小学，质朴的少安有着一颗善良的心。

学不已集

安徽师范大学文学院学生「青年大学习」优秀作品选编

同为一家人的弟弟，少平的性格与少安有着很大的差异。如果说少安浓烈炽热，那么少平就是温和绵柔。但少平的温润平和是表层的，他内心的汹涌与波涛都埋于心底与书中。在开篇路遥先生就以长篇幅来讲述少平的校园生活，他与同学郝红梅产生了一种惺惺相惜之情，但这并非爱情的懵懂，而是两颗因贫穷而伤感之心的互相怜悯与同情。但晓霞的出现深深地改变了少平。她有主见有想法爱读书，是一个阳光可爱的"假小子"。他们用书架起了心与心的桥梁，从《战争与和平》到《创业史》到《牛虻》再到《白轮船》……即使是只身来到黄原揽工，背部因搬石头而血肉模糊，少平都从未放弃阅读。夜晚下的工地是寂静的，但这份寂静不属于少平，因为他的心在波浪滔天的书海里。路遥先生对于少平的心理描写十分细腻，其中我很喜欢的一种心理活动就是将景物与内心世界融为一体，此时平凡的景物不再平凡，处处体现着主人公的情感起伏。少平既有着农民的吃苦又有着诗人的浪漫，而这样的特点完美融合，成为少平的独特标识。

妹妹兰香相较于哥哥们幸运许多，但她的成功仍离不开自己的拼搏。从小她聪颖过人，成绩优异，放到现在来说就是妥妥的"别人家的孩子"。临近高考了，天气炎热，她却没有一件短袖，贫困的家庭出身和艰难的生活磨练让她心中充满忧虑，可她不愿给家中添负担，于是决定晚上去医院提泥包赚些钱自己买。兰香身上那股子倔强劲就是苦难带给她的力量。若我们能深刻理解磨难，那么磨难就能带来崇高感。兰香最终在苦难中用知识改变了命运，走进了大学殿堂，开启了另一段奋斗历程。

其实在原著中还有许多在新时代奋斗着的人，例如全心全意为人民服务的好干部田福军、朴实真挚的老农民孙玉厚……他们都是新时代的人物缩影。这种奋斗随着改革开放愈来愈彰显其价值和意义，这不仅仅体现在我们的物质生活中，也体现在精神世界上。

唯有奋斗才是青春之歌最动人的旋律，唯有奋斗才是青春之画最耀眼的色彩。

# 时代洪流下的落伍者

第一部以大量的篇幅描写了"文革"下的黄原生活。在人民公社时期，以田福堂为代表的一类人开始发迹，他们依附在大锅饭生活中，离不开大锅饭生活。但作为村中一把手的田福堂很快就暴露了其自私自大的特点，他与自己最忠诚的拥护者孙玉亭不顾实际情况，盲目地为了政绩，决定搬迁多户人家并炸山建坝，可最后成了烂尾工程。同时他身上还有强烈的小农狭隘性，他在享受着多分的猪饲料同时又以此为把柄整治少安；为自己家谋利益并且把金俊武和孙少安作为自己政治道路上巨大的阻碍。田福堂是一个多面人物，有许多缺点，而这些缺点在那样一个特定的时代被放大，成为一个醒目的时代烙印。在"文革"后尤其是改革开放以后，集体生活结束了，田福堂的威势如同猛兽在力竭后无意识地一种低吼，但几乎没有人关注他了，双水村依旧如同一台轰鸣的机器高速运行着。就连他最忠诚的拥护者孙玉亭也渐渐离开了他。在双水村，也许唯有眼前这位剧烈咳喘的老人仍难以接受一个新时代的来临。

同样带着强烈特殊时代色彩的人物就是孙玉亭。家里穷得叮当响，但为了自己的"革命事业"辛苦繁忙。他在大锅饭的背景下当了个小官，尝到了公社生活的好处，不怎么干活却能挣工分，虽然家里仍然一贫如洗，但是这种领导别人的感觉和成为村中核心之一的体验实在让孙玉亭欲罢不能。他既然物质生活难以满足，那么就将"革命"进行到底，获得精神上的充实。其中路遥先生为突出这一小人物特色，别具匠心地为他设定了一个"循环冤家"。"文革"期间，对成分不好的金家大搞批判压迫；和金家媳妇王彩娥弄出了荒唐事；又因为炸山筑坝强迫金家搬离祖祖辈辈生活的地方；最后偏偏自己的女儿嫁给金强。最终冤家变亲家，兜兜转转还是你。在改革开放后，孙玉亭难以接受没有集体的生活，怀念着从前。他虽然有着较高的"政治觉悟"，但他为革命几乎脱离实际生

学
不
已
集

安徽师范大学文学院学生
「青年大学习」优秀作品选编

活，实在是既可笑又可怜。因为作为一个祖祖辈辈的庄稼人，只有把汗水洒在这片广袤的土地上，才能解决最实际的问题。

一直以来我认为时代所留下的印记存留于记录中、影像中、叙述中，而实际上它以一种强有力的方式深深扎根于人们的意识中。每个时代有辉煌，也有伤痕。荣耀一定会被人们铭记，但创伤也不应湮没在岁月的长河中，因为创伤带来的伤害难以抹平，对于一个人来说，他将成为时代的落伍者；对于一个社会来说，它将接受前所未有的艰巨挑战。

## 平凡之爱静守流年

爱情一直是众多文学创作的主题之一，《平凡的世界》也不例外。文中有许多不同类型的爱情，有无疾而终的，也有相伴终老的……但无论是哪一类都带给了我深深的触动。

少平和晓霞的爱情在我看来是全文中最纯粹的，两个灵魂相互吸引和依靠，他们在精神上有着高度的一致。爱看书爱思考，对未来有着相似的人生境界追求。对于少平来说，晓霞懂他不甘于被双水村束缚，懂他对未知的探索。晓霞远不仅仅是恋人，更是思想的领路人与交流者。所以，当晓霞在洪水中牺牲时，少平遭到了致命的一击，他的悲痛难以言表。就在晓霞离开的几天后，少平仍如期来到他们两年前相约的古塔山上杜梨树下，但那个心心念念的人却再也不会出现了。每当我读到这里时，我的心都在隐隐作痛。其实整部作品中，可能唯有晓霞一路走来比较顺利，家境好，美丽聪慧，从事着热爱的工作，有着一位灵魂伴侣。她是一个理想化的人物，可路遥先生您为何如此残忍，让晓霞以这样的一种方式突然离开少平，突然离开我们这些读者。或许过于完美的爱恋是不现实的，抑或是让那一份最纯粹的爱情深深埋藏和定格于时光里。

既然讲到了少平，那么也顺便谈谈他的哥哥——少安。他与润叶虽青梅竹马，但由于原生家庭等原因，让两个本应相爱的人渐行渐远。后来，少安娶了一位陕西姑娘——秀莲。她热烈而奔放，第一次见到少安就不加掩饰地表达自己的好感。来到孙家，勤奋而善良，将家里整理得井然有序。少安和秀莲可能更像亲人，少安只有在秀莲的身旁时，才卸下自己的疲惫，寻求温暖的依靠。同时我认为少安和秀莲的相处方式很值得恋人和夫妻去借鉴和学习，虽然少安主外，秀莲主内，但少安对秀莲给予足够的尊重并且向妻子寻求建议。两人相互扶持与鼓励，在这平凡而艰苦的岁月里共同打拼，将日子越过越红火。

润叶自从得知少安娶了媳妇后，心如死灰，虽然不爱李向前，但在二爸老丈人的劝说下答应了这门婚事。在婚礼上，仿佛这欢声笑语的一切不属于她，她孤独却又无助。这婚礼明明是埋葬她灵魂的坟墓，再见了，青春！再见了，少安！婚后，她仍旧沉迷于自己的悲痛中，希望李向前知难而退。但李向前同润叶爱少安一样，深深地爱着润叶，可对于润叶来说李向前做的一切是那么刺眼。于是她来到了黄原团地委，避免与李向前的接触。但是，当李向前车祸截肢时，润叶却回到了他的身旁，也在照顾李向前的过程中产生了感情。而这种感情是很复杂的，有单纯的爱情，也有深深的愧疚，更有肩负的责任。我们可怜而又可爱的润叶终于长大了，同时她也对往事青春真正释怀了。上天仿佛给这一对人儿开了个天大的玩笑，李向前的腿断了，但他收获了润叶的爱情。上天呀，这究竟是惩罚还是奖赏，是阴差阳错还是命中注定？

其实在这部作品中还有许多关于婚恋的相关情节，例如金波只身来到青海找寻在军马场邂逅的藏族姑娘，颇具浪漫和苦涩的特点。又如田润生不顾世俗的眼光，无可救药地爱上了寡妇郝红梅……爱情总归是复杂的，它是由多个因素融合在一起的。爱情仿佛拥有无数扇门，每一扇门后都是一片新的爱情之海，但每一把钥匙都藏在内心深处，唯有以爱之名才能取出那特别的密钥开启一场爱情之旅。

所有的平凡属于每一个不平凡的人。在这部作品中，路遥先生倾注了情感与心血，讲述了变迁、奋斗、爱情……每当你细细品读都有一种全新的体验，或惊叹、或诧异、或欣喜、或悲伤……好作品的内涵绝不

学不已集

安徽师范大学文学院学生
「青年大学习」优秀作品选编

仅限于引人入胜的情节，更重要的是故事背后的细腻情感。徜徉在书海里，感知平凡世界里的不凡，想象未知世界里的奥妙，珍惜现实世界的可贵。

人世间的欢乐与沧桑以一种别样的形式贮存在这部著作里，书中的每一个人物都真实而富有生机，他们如一面镜子，映照着现实的一切。书中的人物远不仅仅以印刷的文字存在于书本中，更以一个个鲜活灵动的形象停留在读者脑海深处。我为里面每一个人物的执着与勇敢而感动，平凡世界里的每一个人都是如此的可爱与难忘。

感谢路遥先生给予的这份精神滋养，让我在这个暖冬静候春暖花开，期待美好到来。

# 送给命运的独白

## ——读《活着》有感

2019级　杨怡青

对于悲惨二字，我领略得不多，毕竟我还没有迈出人生的二十个年头。

当我坐在那棵茂盛的树下，和那位老人并肩坐在那个充满阳光的下午，我就变成了"我"。我站在旁观者的角度悲叹福贵悲惨的一生，除了苦难还是苦难。因嗜赌成性，少爷福贵赌光了家业一贫如洗，父亲被活活气死；半路求医却被国民党抓了壮丁；等他再回家，母亲离开人世、女儿成了哑巴。但真正的故事才渐次上演：儿子有庆因抽血过多而亡；女儿凤霞因大出血死在了手术台上；家珍因软骨病去世；女婿二喜被水泥板夹死；连最后的亲人外孙苦根也因艰难的生活去世。这种生活是遍地长满苦难的荆棘，磨去他所有的神气与活力，留下孤独一人麻木的活着，用福贵的话"说起来是越混越没出息"。这样的往事不能让旁人诉说，他们往往说到一半就泪流满面，难以继续下去。而福贵就完全不一样了，他与那些不肯回忆困苦生活的老人不同，"他喜欢回想过去，喜欢讲述自己，似乎这样一来，他就可以一次一次地重度此生了"，那就再听一遍福贵老人亲口讲述的故事吧。

当我支棱着起身，把老牛赶进古板的田地，我就成为福贵。我能看见有庆为了他的羊赤脚在路上奔跑，二喜牵着凤霞、提着小竹篮子回家，家珍伏在床上做着今年的新鞋，苦根坐在田埂旁休息嘴里嚼着鲜嫩的豆

学不已集

安徽师范大学文学院学生
"青年大学习"优秀作品选编

子，最后我望见一头老牛晃悠着回家，夕阳的余晖洒在它背上。一个人的一辈子都在忍受自己的命运，这意味着不断爬起又不断跌落，不断承受苦难又发现快乐。幸福的感情甚至压倒了受过苦难的忧郁，你总能看见回忆背后留给你快乐的点点滴滴。

当我把这本书放下，我又重新回到了我。福贵更像是余华生活中曾经出现过的一位朋友，他有他自己的人生轨迹，就像生活中的绝大多数，无法预知下一秒的存在。与生存这个词不同，我们自愿去承担命运的苦难，又去寻找填满回忆的快乐，当我们决定放弃与命运相伴，心中便丢失了热情，生活也紧跟着支离破碎。余华解释"活着"，说它的力量来自忍受。忍受是生命雄厚顽强的伟力，即使历经了百般摧残，它也使人伫立在那里，沉默而坚定地活着。福贵的一生浓缩了太多人的故事，他们在不断产生的新的希望中被打败，又不断试图与生活和解。正如余华在自序中写：我决定写下一篇这样的小说，就是这篇《活着》，写人对苦难的承受能力，对世界的乐观态度。写作过程让我明白，人是为活着本身而活着的，而不是为了活着之外的任何事物而活。

我们始终能在《活着》找到自己人生的影子，时而与命运为敌，时而与命运为友，或许窄如手掌，或许也宽如大地。

我们面对生活的态度，是我们送给命运的独白。

# 充满童心、诗趣和灵感的回忆

## ——读《呼兰河传》有感

2019级 杨 振

　　"呼兰河这小城里边，以前住着我的祖父，现在埋着我的祖父……从前那后花园的主人，而今不见了。老主人死了，小主人逃荒去了。"

　　刚接触到萧红的时候，我才上高一，那时候是从鲁迅的笔下了解的她。她温柔美丽，像尘世中的烟火，可望而不可即。也是那时候读她的《生死场》，但没有一点感觉，平淡地读完，甚至内心没有一点波澜。直到接触这本书，我才对她有了点真正的理解。

　　当我再次拿起这本书时，记忆瞬间被拉回到了那个后花园，那个充满童心、诗趣和灵感的后花园。这里有小黄瓜、大向日葵、蝴蝶、蜻蜓，早晨的太阳迎着露珠升起，傍晚的红霞变换着姿态落下。我走进这座小城，发现它其实没什么特殊之处，生活日复一日，既充满色彩与活力，又显单调和孤独，这是座充满矛盾的小城。

　　寒冬冻裂了大地，也散发出温热的笑容。在萧红的童年生活中，有着很多回忆。而这些回忆构成了整个小城的回忆，那样真实那样可悲。在萧红笔下的那些人，他们有着自己的生活，有着自己的家，却唯独缺的是那难能可贵的个性与自由。有二伯、团圆媳妇、老厨子、冯歪嘴子等一些人，他们有的迫于生计，有的受封建思想的压迫，有的成了行尸走肉。他们是可悲的，也是孤独的。而正是那些充满童心、诗趣和灵感的回忆带来的本质的东西，作为一个孩子所看到的世界，她的内心是极度孤独的，渴望得到纯真的爱与关怀。有祖父的日子是开心的，在后花园的时候也是开心的，而那些开心伴随着种种事情而来。团圆媳妇的到来与结束让她真正感受到内心的孤独，像是一场风暴久久不能平息，直击灵魂深处。

团圆媳妇在封建思想的摧残下，一步一步地走向死亡。但她与生活与这个制度作斗争，想要自由，在精神与肉体的双重折磨下，她败下阵来。最为可悲的是，周围的人像看戏一样，没有一点反应，一呼而聚，一和而散。然而打败团圆媳妇的并不是折磨，是孤独，一个人看着这个世界却没有一丝熟悉感，归属感。

愚昧无知的人们与生活作斗争，安于平静，安于孤寂。他们像野草一样疯狂地汲取水分，只为了存活下去，任凭生活践踏。

冯歪嘴子生活艰苦，养育自己的孩子，受尽他人的冷嘲热讽。住茅草屋、盖麻袋，刺骨的寒风也没能击垮他，扛着所有的痛，与孤独并行，寻找光明。"微微地一咧嘴笑，那小白牙就露出来了。"然而他成功了。

读了一遍又一遍，被这些文字深深震撼了。它们很有魅力，带我走进这个小城，走进回忆之中。这一件件事，谈不上有诗趣有童心，但它从孩子眼中带来的却是有着童心与诗趣的，真实地记录着生活。小城的风情、周围的人们、静谧的风景，共同构成了这回忆，明快而万物有灵。

其中让我印象最深的是有二伯，他性情古怪，总是因为称呼与老厨子破口大骂，又快速地好了起来。喜欢吹嘘自己，又好面子，虽然总被人嘲笑，却依然我行我素，不改常态。偷过东西，挨过祖父的打，假上吊被人看成了笑话，一生碌碌无为却也活着自在。虽然也受思想束缚，生活压迫，却不曾放弃。有二伯是那些人中最为典型的，也是不同的。他的身上有那个时代的印记，也是那个小城独特的记号。

萧红用自己的笔写下了那个时代的黑暗与腐朽，也展现了人物于时代洪流下的斗争与生存。用孩童的眼，带着梦幻色彩回忆起童年的种种，刻画了许多人物形象，带我们走进呼兰河这座小城。不得不说，这是一种独特的回忆方式。

每一个时代总会有像冯歪嘴子一样的人，他们敢于为生活作斗争，不惧前方道路艰险，只为追寻自己的内心，到达心灵的彼岸。

　　放下手中的书，从后花园中走出来，别有一番体验。"满天星光，满屋月亮，人生何如，为什么这么悲凉。"也许这就是萧红眼中的呼兰河，总会有一种同情，一种孤独。这不禁让我想起三毛的一句话："心之何如，有似万丈迷，遥恒千里，其中并无舟子可渡，除了自渡，他人爱莫能助。"

　　呼兰河带给我的是心灵的洗涤，于时代长河中激流勇进，寻找这个充满童趣、诗意和灵感的世界。

# 活着为了讲述

2019级　侍季青

 

《活着为了讲述》是《百年孤独》的作者加夫列尔·加西亚·马尔克斯的自传。晚年时，马尔克斯回忆过去，在活过的日子中，寻找、采撷留存的记忆，缩小经历过的苦痛，放大瞬间的幸福，在浸染淡淡温情的讲述中再现了自己的生活。

在这里，有他的故事，我们看见他时而与朋友颓废任性地寻欢作乐、又时而在不被人注意的一角沉浸书中，他潦倒却可以幽默以对，他执着却也时而迷惘。这里，也有别人的故事，比如他那奇特而又乐观可爱、倔强认真的母亲——不得不说，马尔克斯的倔强乐观与母亲大概是一脉相承的，比如与他相处的伙伴、一见倾心的情人、共事的同事、给予他教导的老师或上司。总之，被记住的，全在这本书中。

对于我来说，初看这本书，每一次拿起它，心里都是有些犹豫的。这并非因为马尔克斯的语言晦涩难懂，相反，他的每一次讲述都流畅生动，每一个故事都引人入胜。让我感到困扰的是马尔克斯所处的背景、书中出现的纷繁复杂的人名地名，一切都是我不熟悉的，许多的事件需要我去了解。因此我一开始看这本书不是很快，有时甚至要强迫自己神游天际。但就在这慢慢的零碎的阅读中，文字在我的脑海中被重构为生活，马尔克斯的前半生逐渐被我拼凑起来。

他出生在一个政治混乱的时代，也出生在一个"景况悲惨的大家庭"。他的童年,有苦等退休金的外祖父,有迷信占卜的外祖母,有吃泥巴的妹妹……当然,还有最重要的,外祖父所赠的一部词典,那是令文学之苗出鞘的黑色泥土。青年时,国家内乱,他辗转波哥大、浪荡卡塔赫纳,在咖啡馆、书店和街头邂逅大师,在教室、寝室、书店品诵作品。这样的马尔克斯,青涩却满怀梦想,总让我情不自禁地想起当年意气飞扬的一群书生少年。稍长时,马尔克斯经历几年的落魄,然而即使前途一抹黑,他也不曾放弃作家梦。终于在浮浮沉沉之中,他褪去轻浮,变得成熟。可惜《活着为了讲述》的讲述在马尔克斯到达欧洲后戛然而止。马尔克斯年老带病时写下自传,欧洲再向后的生活,老人也许有力回忆,却终是无力讲述了。但倘若因此书,让我认识了半个马尔克斯,那我也是满足的。

在阅读的初期,我认识到的马尔克斯是一个怀揣作家梦的甚至有些叛逆的青年。他年轻的岁月里,国内不乏政局动荡,身边也不乏糟糕之事,然而他幸运地在不安的世界中寻找到自己的位置。在那个略显宁静的位置,他读诗、读小说、读文学理论,也写诗、写小说……他读他一切想读的,他写他一切想写的。我幻想着他在教室中偷偷读课外书的模样,自得而惬意,也有一些小小的紧张,就像在高中课堂上把课外书悄悄掀开的我一样。我的眼前可以轻松地展现出马尔克斯在寝室夜读卡夫卡的《变形记》,忽而被作者的写法惊得滚下床去的情景。我也会体会到,马尔克斯不得已丢下外祖父所赠的词典时,心中那宛若清水的淡淡的无奈与忧伤。马尔克斯的短篇小说被报纸刊登时的喜悦,被编辑夸赞的骄傲与惶恐,没有钱买一份刊有自己作品的报纸的焦急窘迫,竟被数十年后的我,一位不算合格的懵懵懂懂的读者所触碰到,多么令人感到奇异惊喜。

随着阅读的深入,我忽然意识到,马尔克斯的变化。在我看来,他变得成熟了,变成一位成熟的人,一位成熟的作家。他的执着很少再露出锋芒,却变得更加坚硬。这种变化我说不出是从书中的哪个地方开始变的,但最终展现出一个知晓何为责任的成人。他对情人的追求由热情

学不已集

——安徽师范大学文学院学生「青年大学习」优秀作品选编

而洒脱变得内敛却深沉，他对家人的关心由不自觉变为自觉却不言说，他所写的文章从模仿生涩变得自如且充满担当，他倔强的作家梦逐渐成为一种认真和坚持……一个待在象牙塔中一手是书一手是笔的富有才情的男孩，历经生活，成长为一个有担当的记者，一个被人认可的作家。书中记录马尔克斯如何调查麦德林东部山体滑坡多人遇难事件的真相，提到过马尔克斯在一个水手的故事中揭露官僚腐败，也讲述过马尔克斯为生存在一家与自己写作本意不和的报社工作，最终被辞退。书的最后，马尔克斯的故事尚未结束，但我相信，在欧洲历练数年的他，一定会迎来自己的再一次蜕变。

　　如今，书已经看完，但这并不是终点。相反，这本未完的自传将会成为一个起点，吸引我去探寻马尔克斯所经历的生活，去阅读马尔克斯在《百年孤独》《枯枝败叶》等书中所讲述的生活，去体会马尔克斯那时间无法磨灭的伟大的形象，体会他人格的魅力，去触摸那幽默奇特流畅的叙述中流露出生活的淡淡的光辉。

# 活着，即为诗意

## ——读《活着》有感

2019级　王雨诺

时代的一粒灰，落在个人头上，就是一座山，支撑着这座山的，只是一个再朴素不过的想法——活着。

活着，两个字，二十个笔画，一辈子的时间。我很喜欢余华自序中对活着的解释：作为一个词语，"活着"在我们中国的语言里充满了力量，它的力量不是来自于喊叫，也不是来自于进攻，而是忍受，去忍受生命赋予我们的责任，去忍受现实给予我们的幸福和苦难、无聊和平庸。

十八岁的我执着地认为，一个人如果只是活着，那么就愧对自己，我一定要有多姿多彩的生活，就像海德格尔笔下的那句：人生的本质就是诗意地栖居。读完福贵的一生，我才懵懵懂懂地明白，活着不止有诗意，活着的本质原来是忍受，忍受的背后就是坚定与乐观，而这份坚定与乐观，就是最大的诗意。

我们读过了太多的人生，我们有太多的大喜大悲，我们见过了太多的生离死别，但是最后的我们，依然平凡且坚定地活着。福贵接二连三地失去亲人，内心的千疮百孔换来乐观的心态，晚年同一头老牛度过，轻松地把自己的一生讲了出来，嘻嘻笑笑，仿佛他并不难过。老人与老牛在暮色苍茫中消失，留给我们的只有那崇彻心扉的故事，和无法言语的震撼。

时代的灰尘让我们已经快看不清福贵。赌光了家产，沦为农民，这是封建时代的一粒灰；进城请郎中，意外被抓住参军，这是战争时代的一粒灰；全村吃食堂，炼钢铁，这是"大跃进"的一粒灰……光这些灰尘，全都是大山，已经能够要了福贵的命，但福贵全都坚强地撑了下来，他明白，活着，就是全部。

我不知道这位老人经历了一个又一个亲人的离去，他是否崩溃过，是否也想过一死了之，我只从他身上看到了那份乐观与坚强。他就是这样一个让我们一开始会不屑地嬉笑他，到最后又不得不为之黯然落泪和欣赏的人，就像他用一句歌谣形容自己的一生：少年去游荡，中年想掘藏，老年做和尚。初读时，我也曾追问，福贵最后活着的意义到底是什么，身边已无亲人，心中全是伤痛，生活清贫不堪，这样令他痛苦的人世间有什么值得他留恋的呢？再读之时，我些许明白：人是为活着本身而活着的，而不是为了活着之外的任何事物所活着。死是最容易的事情，但活着就充满了不容易，生活的苦难一次又一次把我们逼到容易的边界，但心中的乐观与坚强一次又一次地把我们送回到这不容易的世界。

病毒的肆虐，让我们又一次看到了"活着"的意义。90岁老母亲五天坚守在60岁儿子的病床旁，日夜不离，颤巍巍的手写下一句：儿子，要挺住，要坚强……

我难过之余，又心酸，活着本身就那么不容易了，我不再执着于诗意地栖居，我再一次明白——活着本身就是忍受生活的苦难，忍受的背后就是坚定与乐观，而这份坚定与乐观，就是最大的诗意。

最令我动容的是疫情期间的一切。我们每个人对活着的渴望，我们整个国家对活着的努力，我们整个民族对活着的坚持，这一切的一切都重新定义了什么才是真正的活着——乐观向上，不畏艰难，勇往直前。那些富豪慷慨捐助以渡难关，那些平凡朴素的劳动者们甘愿尽自己微薄之力来驰援。捐钱、捐菜、捐口罩、捐医用产品，我们虽未感染，但我们始终热爱中国。我一直很喜欢一段话：

谁说中国人没有信仰？

我们信仰日月同辉,金乌玉兔;

我们信仰阴阳共济,天圆地方;

我们信仰永生,信仰传承,

我们信仰土地上的每一座山,每一条河,

每一棵树,每一朵花;

我们信仰我们先民,祖辈,文字,绘画;

我们信仰诗经乐府,信仰唐诗宋词,

信仰格物致知,修身齐家治国平天下。

我们的信仰就是支撑我们走过一次次为难的力量,我们的信仰就是支持我们在每一次受伤之后重生的梦想,我们的信仰就是不管前方怎样,我们依然无畏远方。而在疫情期间,我们的信仰就是——活着,只要活着。活着才能挥洒毫墨、吟诗作曲,活着才能赏月对饮、遥寄相思,活着才能创造奇迹、共谱辉煌。

这次疫情也如时代的一粒灰,我们遇见它,我们也好像读了一本书,读了许多人的人生。逆行者们伟大的人生,捐助者们善良的人生,平凡者们默默奉献的人生。

我也在书中读过很多人的一生,他们或虚幻,他们或真实,他们或美好,他们或悲痛,在他们的人生里,我体味着酸甜苦辣,我感动前进。而对于福贵,我的心情更为复杂。我读福贵的人生,体会到他带着对爹娘、家珍、有庆、凤霞、二喜、苦根的思念度过的余生,感受着他的乐观与坚强,然后乐观坚强地去过我的一生,去平凡乐观又坚定地活着,去诗意地"活着"。

# 心中有明月，窗外自清风

## ——读《雅舍小品》有感

2019级　周　舟

　　透过窗户，有人看到了风雪雪月，有人看到了风沙尘暴；有人看到了三千红尘，有人看到了一尺清净；有人看到了落红总是无情物，有人看到了待到山花烂漫时。

　　而他，梁秋实先生，只看到了绚烂至极趋于平淡的人生。

　　禅家形容人之开悟的三个阶段：初看山是山、水是水，继而再观，眼中山不是山、水不是水，终乃山还是山、水还是水。

　　不知梁老先生悟到了哪一重境界，他眼中明明有山有水，却意不在山水，他似心无旁骛纵观平淡，又像心有一物不使纤尘。一如他笔下的文字，仿佛绚烂到了极致便是平静淡美。

　　喜欢他笔下的"雅舍"，虽是简陋但也雅到极致。男人女人小孩，一几一椅一榻，握手理发洗澡，那里的一人一物一事，无一不令人动容。

　　"我非显要，故名公巨卿之照片不得入我室；我非牙医，故无博士文凭张挂壁间；我不业理发，故丝织西湖十景以及电影明星之照片亦均不能张我四壁。"梁老这种心无一物、不计得失、达观自如的态度，令我慨叹。正如李白诗中所说："清风朗月不用一钱买。"亦如苏轼赋中所云："惟江上之清风，与山间之明月，耳得之而为声，目遇之而成色，取之无禁，用之不竭。"是啊，金钱名声何所贵，吾却弃之如敝。

　　于纷繁芜杂的大千世界中，梁老只取其一鳞一角，便触于人心了。

在《脸谱》中他扼腕，生活中有人斥下媚上，这种变脸的能力是万万不能要的；在《怒》中他愤慨，却也平声劝告，要以一种平和的态度对待他人；在《孩子》中他讥讽，"主人翁"式的孩子即使是"树大"也"直不了"……

在文字中，他斥、他怒、他讽，将自己归于段子手一族，但激荡终究归于平静。

"长日无俚，写作自遣，随想随写，不拘篇章，冠以'雅舍小品'四字，以示写作所在，且志因缘。"《雅舍小品》非刻意为之，非述标导向，非追名逐利之产物，而是随笔所想罢了！但思万物之逆旅，人生本来如寄，人便只躬受亲尝，就需知足常乐了。

我们在现实中，凝视、倾听、沉思，这使我们看、听、停，再前进，却只游行在一个浮面的层次，一不留神就迷失了自己。往往在我们闭上眼睛，形色隐没之时，才看得见。当在言词沉寂，词穷句冥时，才听得见。当我们把思想清空、不思不念时，才知道方向。

或许，这可能就是人生的真谛吧，云淡风轻、平平淡淡，无法预测，也不去强求。在顺境中，宠辱不惊，怡然自得；在逆境中，不悲不愁不弃不馁。偶尔有所慨，便抒一抒；偶尔有所怒，便笑讽一番。然后，别忘笑着看花开花落，静观云卷云舒，去解世间沉浮，淡看宠辱得失，明晓一切如过眼烟云，去留无痕。

纷繁复杂的世界，风光之下，暗殇横陈。却喜闲看夏花绚烂，秋叶静美。也只知心中有明月，窗外自清风。

# 山　寨

## ——读韩少功《爸爸爸》有感

2017级　王　亚

自小多梦

像误入泥泽的花斑小鹿

引颈，等待着重力的吞咽

因梦幻的

美丽新世界用力过猛

而从脑中挤出

两滴木制的眼泪


脱胎于黑色森林

我常委身蒸汽

在山野上空看到

焦脆的鸟鸣

包裹在甜腻的云雾之中

被贪吃的妖猫舔舐

树的痛风发作于叶子

深山老寨，甚至预制板的苦难

都是夹心的

丢魂的婴儿哭声锐耳

鳞云像是冬末改制河道的凌汛

撕裂了天空的腹肌

这里的人们，不需要名字

香楠巨木，无用生长

像是多少宝藏

藏于彩虹之根，不为多梦者所得


野猪，鳗鲡

大如木桶的蘑菇

中蛊发昏的诅咒作用于山寨的世代

肉体的桎梏不可脱

精神的枷锁不可脱


反乌托邦的蜜语

滑入大山的身体，正等待着

五丁开山的巨蛇

# 后　记

致敬来时路，昂扬再出发。为献礼新中国成立七十周年、庆祝改革开放四十周年，安徽师范大学文学院开展主题征文活动，共征集到三百多篇作品。我们从中遴选了七十几篇并几经修改润色，最终将本书呈现给广大读者。根据作品的主旨内涵，全书共分为四个篇章，期望通过本书表达青年学子对改革征程的赞颂、对志愿先锋的崇敬、对传统文化的弘扬以及对阅读风尚的推崇。

在成书过程中，安徽师范大学文学院的党政领导、老师及研究生、本科生团队都给予了大力支持与帮助。依托暑期社会实践平台，文学院组建"读书三让"语言文字创意团队，为书稿的成型奠定了坚实基础。书稿编撰过程中，因受疫情影响，校对工作改为以线上为主，期间，团队指导老师戴和圣通过线上会议的形式，针对本书策划、文章审定等方面，提供了大量建设性的意见，指出应在全民携手抗疫的时代大背景下，将赞美抗疫志愿先锋的文章编入本书，学习并弘扬伟大抗疫精神。为了编好这部作品集，李震、朱露露、孙霁雯、周青松、杨玉婷、宁嘉惠、瞿陆子慧等老师，杨祖晋、张博宇、万恩辰、高晨成、张子涵、李君婉、桑源等同学不辞劳苦，完成了作品的筛选、整理、设计、编排、校对工作。在此，向那些对本书提出修改意见、提供过帮助和支持的所有专家、校友、老师和同学深表谢意！我们还要郑重感谢安徽师范大学出版社，在他们的专业指导和热心帮助下，本书得以顺利出版。

现在，我们比历史上任何时期都更接近中华民族伟大复兴的目标，比历史上任何时期都更有信心、有能力实现这个目标。百年征程波澜壮阔，百年初心历久弥坚。祖国的繁荣富强，离不开无数抛头颅洒热血的革命先辈、离不开改革开放的先行者、离不开疫情之下的志愿先锋。囿于一些客观原因，我们无法将所有投稿作品收录成册。在作品结集过程中，我们也无法一一征求作者的意见，对此深表歉意！如有作者对作品或作品集有意见与建议，恳望见谅并反馈给我们，以便再版时及时更新和完善。

希望我们精心策划的这本书，能够让各位读者感受到文学院青年学子的蓬勃朝气，感受到当代大学生对社会的认识思考，感受到青年一代"强国有我"的青春誓言，让我们的青春在奉献中焕发绚丽光彩。鉴于时间和水平有限，书中难免存在不足之处，恳请读者朋友们提出意见与建议。

青春奋进的路上，学而不已，一起向未来。

徐雅萍

二〇二二年七月二十九日